RENOVARoRENOVADO

Francisco Gomes de Matos

RENOVAR o RENOVADO
Gestão de pessoas através do diálogo

© Editora Manole Ltda., 2009, por meio de contrato com o autor.

capa: Rubens Lima
projeto gráfico e editoração eletrônica: Departamento Editorial da Editora Manole

Dados Internacionais de Catalogação na Publicação (CIP)
(Câmara Brasileira do Livro, SP, Brasil)

Matos, Francisco Gomes de
 Renovar o renovado: gestão de pessoas através do diálogo/Francisco Gomes de Matos. — 1.ed. — Barueri, SP: Manole, 2009.

Bibliografia.
ISBN 978-85-204-2785-9

1. Administração de pessoal I. Título.

08-11052 CDD-658.3

Índices para catálogo sistemático:
1. Gestão de pessoas: Administração de empresas 658.3
2. Pessoas: Gestão: Administração de empresas 658.3

Todos os direitos reservados.
Nenhuma parte deste livro poderá ser reproduzida, por qualquer processo, sem a permissão expressa dos editores. É proibida a reprodução por xerox.

A Editora Manole é filiada à ABDR – Associação Brasileira de Direitos Reprográficos.

1ª edição – 2009

Direitos adquiridos pela:
Editora Manole Ltda.
Av. Ceci, 672 – Tamboré
06460-120 – Barueri – SP – Brasil
Tel.: (11) 4196-6000 – Fax: (11) 4196-6021
www.manole.com.br
info@manole.com.br

Impresso no Brasil
Printed in Brazil

Com a palavra começa o mundo;
com o diálogo, a civilização.

Francisco Gomes de Matos é administrador, conselheiro da PUC-RJ e diretor da FGM Consultoria Ltda., na qual desenvolve pesquisas, estudos e consultoria de estratégia empresarial, liderança e cultura corporativa, com foco em profissionalização da empresa familiar. Foi consultor em grandes organizações, como Bradesco, Ibope, Banco Central, Sendas, Senac, Confederação Nacional da Indústria, bem como autor de 32 livros de Gestão. Lecionou na PUC-RJ e UERJ, fundou o Conselho Empresarial de Ética da ACRJ, é membro diretor da Academia Brasileira de Ciência da Administração e foi patrono e paraninfo de várias turmas de Administração. Possui várias comendas, como a Ordem Nacional do Mérito do Trabalho, cidadania do Rio de Janeiro, Prêmio Jabuti e a Medalha Tiradentes, e foi o primeiro a receber o Prêmio Belmiro Siqueira. Atuação permanente como consultor e conferencista no Brasil e no exterior.

Site do autor: www.fgmconsultoria.com.br

SUMÁRIO

Imprescindíveis   XI
Introdução   XIII

1. Pensar   1
2. Poder   9
3. Cultura   13
4. Sucesso   25
5. Felicidade   33
6. Visão e atitude   39
7. Humanização e qualidade   55
8. Espiritualidade   63
9. Liderança, educação, negociação   71
10. Desenvolvimento   101
11. Perguntas   141
12. Reforçando conceitos   149

Parada para reflexão estratégica   163
Índice remissivo   165

IMPRESCINDÍVEIS

— O amor realiza a plenitude do ser?

— Vivenciamos muitas vidas interiores como parte de um todo. Esse turbilhão da alma harmoniza-se no amor, por meio do qual somos alguém.
Em nosso processo de construção pessoal, alguns se tornam personagens amorosos imprescindíveis:

Maria Lúcia – minha vida querida, permanente inspiradora de amor, em tudo e no todo;
Maria Martha e Gustavo – diálogos vivos e amorosos que contribuem para dar sentido à vida;
João Pedro, Maria Beatriz, Maria Fernanda, Ana Sofia, Maria Elisa – prolongamentos do amor, na vida que se renova continuamente;
Marcos e Adriana – reforços à vida em convivência;
Ana Clara – luz inextinguível, espiritualização do amor, que se torna presença permanente, como estímulo e vigor à comunhão com Deus.

Viver é dialogar em plenitude!

INTRODUÇÃO

Vida é transformação.

Quando a ciência e a tecnologia modernas aceleram o ritmo da mudança, o risco iminente é a obsolescência, exigindo renovação contínua como princípio de perpetuidade humana e social.

A *armadilha tecnológica* a que todos se arriscam é o *não pensar*, pois a tecnologia já *pensou por nós*.

Nessa linha de alerta produzimos *Renovar o renovado: gestão de pessoas através do diálogo*, com recortes de um pensar criativo, visando incitar à reflexão sobre aspectos relevantes da conduta humana face aos desafios das transformações rápidas, radicais e irreversíveis, que caracterizam o cotidiano existencial.

Colocar uma ideia em 50 páginas pode ser relativamente fácil;
em 10 páginas já é bem mais complexo;
em 1 página é uma façanha heroica;
que dizer em um simples diálogo!

Essa pretendida façanha tenta dar significado ao *Renovar o renovado: gestão de pessoas através do diálogo.*

Os diálogos foram recursos usados para *provocar reflexões e induzir ações* em várias oportunidades de contato em equipe, mormente nos *Ciclos de Felicidade no Trabalho* – metodologia que utilizamos visando à renovação cultural e à melhoria do relacionamento nas organizações, por meio do desenvolvimento do *QF – Quociente de Felicidade.*

Um dos recursos que empregamos com sucesso são os "dez minutos de força", em que os *diálogos* suscitam reflexões diárias, focadas na realidade de vida e trabalho.

A proposta básica é a de procurar desenvolver, como competência essencial do líder, o saber pensar.

– **Que é PENSAR?**
– *Pensar* é o diferencial estratégico, numa sociedade que tende ao *não pensar*, ao submeter a inteligência à tecnologia, à organização e ao marketing.

– **PENSAR doi?**
– *Pensar doi*, porque quebra o *aparente conforto do estabelecido*, que gera a obsolescência mental.

– **Que significa PENSAR?**
– *Pensar* é abrir horizontes e sentir a vida se renovando. *Pensar* é criar o *mundo novo* na vida diária.

– **Ler é pensar? Aprender é pensar?**
– *Ler* não é pensar; *aprender* não é pensar quando se está *pensando* pela cabeça alheia.

PENSAR é refletir criticamente, questionar, interpretar, obter respostas próprias e decidir.

A sabedoria está em saber formular perguntas inteligentes que induzem a respostas motivadoras de comportamentos eficazes.

Em *Renovar o renovado: gestão de pessoas através do diálogo* está implícita a proposta da *renovação contínua* como desafio à criatividade, ao talento empreendedor e à competência na gestão corporativa.

Pensar, *pensar estrategicamente*, *pensar estrategicamente em equipe* são três dimensões da eficácia, dificilmente implementadas sem uma adequada *metodologia educacional*. Os diálogos propostos à reflexão em equipe atendem a esse objetivo.

PENSAR É FAZER DO PENSAMENTO UMA ESTRATÉGIA DE VIDA RENOVADA!

PENSAR

CAPÍTULO 01

1 PENSADOR
— Se as organizações, em nome da eficiência e focadas na ação, cerceiam o pensamento, **onde estão sendo desenvolvidos pensadores?**
— A resposta é o grande **desafio à administração.**

2 PENSAR
— **Pensamos?**
— Poucos pensam,
pensar incomoda,
melhor não pensar,
a ciência pensou por nós,
a tecnologia nos manda
esquecer, o mercado nos
diz o que querer,
a escola, como fazer,
a empresa, como gerar
resultados
e os governos afirmam
que somos livres...

3 PENSAR
— Posso pensar?
— Desde que
seja fora do
expediente,
**para não
perturbar
o trabalho.**

4 CAMINHOS
— Que faço, há dois caminhos?
— Se ficar parado, sem pensar, logo verá que não há mais caminhos; **se pensar, verificará que os caminhos são vários.**

5 EMPREENDEDOR
— Entrei na contramão?
— Não, **você entrou na mão certa,** os outros é que estavam na via errada. O preço do empreendedor implica batidas, algumas duras, **até que a verdade seja reconhecida.**

. . . .

6 COMPETÊNCIA
— A **competência** resolve os problemas humanos?
— Não basta a competência, mas ela é **fundamental.** A incompetência, em que pese a boa intenção, produz e alimenta a injustiça social. Um empresário que fracassa, leva famílias inteiras ao infortúnio. **A paz é produto da ética e da competência.**

. . . .

7 ESTRATÉGIA
— Quem vai ganhar o torneio: a tartaruga ou o coelho?
— Apostaram no coelho 99% dos espectadores, mas quem ganhou foi a tartaruga, com **estratégia, objetividade e determinação.**

8 BUROCRATIZAÇÃO
— Por que as coisas **não andam?**
— A anta ameaçada não tem condições de escapar do inimigo, porque, pelo seu cérebro reduzido, só se direciona em linha reta. Uma analogia com **as organizações que não desenvolvem o pensamento estratégico.**

. . . .

9 ESSÊNCIA HUMANA
— Como caracterizar a **potencialidade** do homem?
— Leonardo da Vinci, ao selecionar modelos para pintar a Ceia de Cristo, escolheu o mesmo ator para se inspirar, ao traçar o perfil de Cristo e de Judas. Será que não quis expressar que ambos residem **potencialmente na alma,** como opção à **liberdade humana?**

. . . .

10 INSUCESSO
— Quais são as regras infalíveis para conseguir o **insucesso?**
— Não pensar, **desconfiar sempre,** controlar as pessoas o máximo possível e **evitar dar bom dia,** para não criar intimidade.

11 TER SUCESSO
— Que é necessário para ser **bem-sucedido?**
— **Acreditar!** A realização grandiosa depende de **fé e coragem;** daí decorre a ação transformadora.

13 ATITUDE
— Será que vai dar **certo?**
— Já está dando certo! Tudo é uma questão de **atitude;** estou acreditando em minhas forças ou nas pressões externas? As pressões passam, **eu permaneço!**

12 O PEQUENO SUCESSO
— Como **começa** o sucesso?
— **Começa com pequenas coisas,** exequíveis, como aprendizagem para as coisas maiores, que **virão por consequência.** Nesse sentido, é o pequeno sucesso que **abre o espírito** às realizações relevantes.

14 FRAGILIDADE
— Que dizer do poder majestático?
— À medida que cresce **o palácio,** diminui **o rei.**

15 REALIDADE

– A pressa inibe o pensamento inteligente e induz à perda da **essência?**
– Há uma lenda indígena que narra a aventura de uma tribo ameaçada que corria pela floresta o dia inteiro, sem parar. Ao cair da noite, os índios exaustos, após verificarem não haver mais perigo, acamparam, todos de cócoras, em silêncio, aguardando que chegassem suas almas, que **ficaram para trás** na correria... Esse é o **perigo** na vida moderna e nas organizações: na agitação e na pressa, **perderem a alma.** A alma é o **pensamento,** a **consciência** e o **senso de realidade.**

16 BURRICE

– Qual é a burrice **fatal?**
– A maior burrice é a **burrice em gestão.** Podem ser contratadas as melhores **estrelas,** que elas, isoladas, **perdem o brilho** rapidamente. Tudo começa em **saber administrar** a própria vida, os relacionamentos e a integração.

17 FANATISMO
— Característica do **fanático?**
— Cérebro parado; é o que explica os corporativismos de toda espécie. O fanatismo é **doença gravíssima** da alma e altamente **contagiosa.**

18 TECNOLOGIA
— Por que o **distanciamento humano?**
— O homem tem **medo** do homem por não conhecê-lo e, assim, prefere a **tecnologia,** que julga conhecer e poder dominar.

19 MONOTONIA
— Que está acontecendo?
— Os dias passam e só uma coisa acontece: a **velhice.** É o tempo que, maltratado, é implacável, não perdoa a **monotonia.**

20 AÇÃO INTELIGENTE
— Qual é a inteligência na estratégia?
— **Pensar!** Sem pensamento crítico, não há visão, sem visão, não há estratégia, sem estratégia, a ação se perde nos descaminhos da **ignorância ativa,** responsável por todos os descalabros.

21 ESTRESSE

— Qual é a pior situação do executivo?
— **O executivo que trabalha muito e pensa pouco;** esse é o maior drama existencial nas organizações. Daí deriva o estresse que **sacrifica** vida, criatividade e relação humana. Tudo se reduz a "resultados" e, paradoxalmente, **produz o não-resultado.**

22 DESAFIOS

— Quem?
— **Você!**
— Eu?! Eu não esperava, não estou preparado, posso fracassar. Poderia esperar minha resposta até amanhã?
— Não precisa, **você já me convenceu!**

23 ABSURDO DA ESTRATÉGIA

— Como entender a definição proposta de estratégia que diz "continuar atirando, **mesmo depois de terminada a munição"?**
— Esse paradoxo tem um nome: **criatividade!** O diferencial de excelência da estratégia é a **capacidade de inovar,** principalmente em situações críticas.

PODER

CAPÍTULO 02

24 O GRANDE EQUÍVOCO
— Qual é o **ponto frágil** do totalitarismo?
— Acreditar que pode **dominar o homem!**

25 CONFLITO DE PODER
— Quando o conflito se torna um **inferno?**
— Em todo conflito interpessoal, o demônio manda representante. Quando se trata de **poder** e **dinheiro,** ele comparece pessoalmente.

26 AUTORITARISMO
— Se Deus está dentro de mim, então **sou Deus!?**
— Você tem Deus contigo, mas, como tu ages, deve tê-lo **aprisionado,** libertando todos os teus **demônios interiores.**

27 RAZÃO
— Num conflito apaixonado, **quem tem razão?**
— Todos! O que significa: **ninguém!**

28 CORAGEM
— Que é **coragem?**
— Coragem não é dizer "eu fiz", "eu faço", mas a **disposição de não fraquejar, mesmo fracassando.**

29 CONSPIRAÇÃO
— O macaco é uma **ameaça** aos nossos planos, vamos **eliminá-lo?** Pergunta o leão ao leopardo.
— Até podemos, mas **não vamos conseguir apagar suas ideias.** Melhor **desmoralizá-lo** usando uma arma poderosa: **a mentira!**

30 PODER, PAIXÃO E AMOR
— A paixão, como é apregoada, é imprescindível para construir uma **grande obra?**
— A paixão é um sentimento **forte, mas muito arriscado,** pois traz em si um componente destrutivo em potencial, a **obsessão.** Ao contrário do **amor**, que é **doação** e está focado no outro e no bem, **a paixão é possessiva, egocêntrica, consumidora.** Pode construir e destruir ao mesmo tempo. Como um trator, vai arrasando, impiedosamente, tudo que se interpõe. Por que não usar o amor, que é muito mais **potente, construtivo e permanente?**

. . . .

31 SERVIDÃO
— Qual é o **absurdo** existencial?
— A liberdade de se escravizar.

32 PODER
— O poder **tudo pode?**
— O poder absoluto é **frágil** como a árvore que, embora centenária e opulenta, **não resiste à ação persistente** de um cupim minúsculo.

33 ELEIÇÃO
— **Para que votar?** Político não merece!
— Por **omissão**, vota-se no **pior**. E, mais uma vez, a educação e a cidadania são as grandes **derrotadas.**

34 SOBERBA
— Qual é o **pior defeito?**
— A **soberba**, que corroi a si próprio ao procurar destruir o outro; o soberbo **não precisa de ninguém**... ele se basta!

35 VENCEDOR
— Que significa a fórmula "**vencer, vencer**, com muita ambição e garra"?
— Era um vencedor; não havia obstáculos que o impedisse **impiedosamente,** até que tropeçou, precipitando-se no abismo, sem que tivesse por perto a **mão amiga** que o sustentasse.

CULTURA

CAPÍTULO 03

36 CULTURA
— Onde está a **alma** da organização?
— Está na **cultura**, lá onde são sedimentados valores, crenças, sentimentos, tradições e experiências de vida que condicionam **atitudes e comportamentos.**

37 MUDANÇA

— Depois de tanto treinamento, por que o comportamento **não muda?**

— O comportamento é o ponto visível de um *iceberg*, cuja base são valores, e a superfície, as percepções. Se não interferirmos na **parte profunda,** as modificações externas serão **irrelevantes.** É em função das convicções que percebemos e agimos.

38 ELITE

— Para mudar, é imprescindível o apoio dos **dirigentes?**
— **As elites não querem mudar** e sim permanecer, pois temem perder o poder. Nisso está, todavia, sua fragilidade. A mudança só ocorre com consciência de **necessidade,** forte **disposição política** e proposta transformadora.

39 MUDANÇA IRRESISTÍVEL
— Por onde **começar** a mudança?
— Onde houver **consciência e disposição,** por menor que seja o número dos interessados, **com fé e persistência,** o processo renovador será **inquebrantável.**

. . . .

40 RUPTURAS
— Como prevenir crises?
— É impossível viver sem crise. Até as pedras sofrem erosões naturais antes de se tornarem obras de arte. Não há progresso sem rompimentos, a começar pela **educação, geradora de rupturas.** A crise testa o caráter, prepara o espírito ao impermanente e aos **valores que permanecem.**

41 PROIBIÇÃO
— Por que todos sujam o muro?
— **Veja a tabuleta:** "É proibido sujar o muro!"

· · · · · · · · ·

42 ESPÍRITO ORGANIZACIONAL
— Onde está o **espírito** das organizações?
— Nas organizações existe a "casa grande", na qual está a **elite do poder,** a "senzala", onde estão os **servidores,** os quais produzem, e a "capatazia", o **nível gerencial,** que pressiona. Esse modelo está no inconsciente das organizações, condicionando atitudes e comportamentos. Então, não é surpresa quando os conflitos **abrem uma cratera onde a empresa mergulha, irreversivelmente.**

· · · · · · · · ·

43 PASSIVIDADE
— Um precipício na rua principal, que absurdo! Quase caí, e poderia morrer. **Como ninguém o remove?**
— Há décadas convivemos com ele, e **ninguém caiu... até agora!**

44 ANALGÉSICO

— Não há analgésico para a **dor da mudança!**
— Será que não? Claro que há: a **educação** é estratégia preventiva. Quando há consciência das vantagens, a mudança é sempre bem-vinda.

45 MODERNIZAÇÃO ILUSÓRIA

— Podemos confiar em **rompantes de modernização?**
— Um galho verde em uma árvore agonizante é um fenômeno fugaz. O mesmo ocorre na organização **decadente,** na qual surtos setoriais renovadores, periféricos apenas **retardam** o colapso total. Numa cultura em que prevalecem **sentimentos negativos,** ressentimentos, preconceitos, sabotagens e rivalidades, pode-se até, por ação isolada de um líder carismático, obter resultados, **momentâneos,** pois o **meio induz ao fracasso.**

46 CONVICÇÕES

— Qual é o **peso** das crenças?
— Sem convicções, **não somos nada e somos tratados como tal.**

---

47 INTEGRAÇÃO CORPORATIVA

— Como se vê a força do **corporativismo?**
— Em uma comunidade de bactérias, existem 10% de elementos bons, 10% de ruins e 80% de oportunistas. Dependente das condições ambientes, **os oportunistas aderirão aos bons ou aos ruins.** O mesmo ocorre nos grupos sociais: as facções corporativistas, fortes na aparência, não resistem à **ação inteligente de liderança** do segmento bom.

48 COMPORTAMENTO

— Comportamento respeitoso **garante o respeito?**

— Em Escorial, no palácio dos reis, existe uma cadeira, com uma espada atravessada no encosto, para a pessoa manter-se em postura ereta ao falar com o rei. Todavia, nenhum artifício, regra ou lei substitui **a atitude que decorre da convicção.** São valores assumidos que ditam o **comportamento autêntico.** Uma postura aparentemente respeitosa, por força de coação social, pode ser a máscara da **hipocrisia.**

49 REENGENHARIA

— Como ver os **traumas** das **reformas radicais?**

— Os elefantes são vistos como seres habitualmente mansos, pacíficos, organizados ao extremo. De repente, na África do Sul, bandos de elefantes começaram a atacar ferozmente rinocerontes. Como explicar esse desvio de conduta? Tudo ocorreu a partir da transferência de elefantes infantis para parques distantes, crescendo sem a assistência dos pais. Sendo seres integralmente gregários, afeitos à ordem relacional em família, sofreram com a ruptura, a qual provocou traumática desorganização social. Sem os padrões, transmitidos pelos pais, tornaram-se sanguinários na adolescência. A quebra da hierarquia gerou confusão e despertou instintos assassinos. Uma oportuna analogia com as várias **reengenharias** praticadas **corriqueiramente** nas organizações. A quebra da hierarquia e da autoridade **afeta a dinâmica social,** intensificando atritos e conflitos predatórios. Querendo acabar com pretensos elefantismos, acabam matando o elefante. Conclusão: **a organização fica muito pior!**

50 ÉTICA RECONSTRUÍDA
— Como está a ética hoje?
— É urgente promover a **ética da ética,** de tal modo a consciência ética contemporânea mostra-se **elástica e acomodável** a circunstâncias e interesses.

51 CULTURA RENOVADA
— **É melhor deixar que o tempo resolva?**
— A água parada no poço **parece pura,** límpida, mas, agitada na base, **turva-se** pelas impurezas que vêm à tona. Para muitos desavisados, o melhor é **não mexer nos problemas,** só que, água parada **apodrece.** É o que acontece com a cultura não renovada.

52 CULTURA CORPORATIVA

— Como explicar o **fracasso** de **megafusões?**

— O Titanic, em sua trágica dramaticidade, guarda uma metáfora: enquanto, no convés, uma elite distraía-se, alienada, confiante na segurança total do transatlântico, avalizada pelas afirmações arrogantes do construtor, que até desafiou o poder de Deus, nos subterrâneos, o mar minava as bases inexoravelmente. O episódio Titanic é **muito comum nas organizações,** em especial naquelas que sofrem processos de fusões e incorporações e, de repente, **renascem megaempresas.** Exuberantes, com alta visibilidade e poder, ao negligenciarem suas bases culturais, tornam-se **vulneráveis** aos conflitos e aos *icebergs* imprevistos.

53 TRAGÉDIA
— Que dizer do **conflito** nas relações organizacionais?
— O pior conflito não é o manifesto, mas o **oculto,** não verbalizado e não agressivo fisicamente e **que fomenta as mais terríveis traições.** Na passividade morna de um ambiente frustrante, fechado, vicejam **sentimentos doentios,** como caldo de cultura ao trágico, e ao serem expressos em violência, **só surpreendem os incautos.**

....

54 CLIMA ORGANIZACIONAL
— Que sugere o **ambiente** das organizações?
— Há um **aviso subliminar** no portal das organizações. Em algumas, pode-se ler **"bem-vindo ao inferno!",** em outras, **"a empresa se importa com você!".** Esta é a mensagem que todos esperam da organização para se engajarem como pessoas inteligentes, éticas e transcendentes. **Pense bem** qual é sua opção.

55 AINDA O TITANIC

— Existe uma **cultura da tragédia?**

— O Titanic – não tivesse sido uma tragédia real – seria uma forte metáfora empresarial: a **crença cega** na tecnologia e no marketing, a **insensibilidade** e a **acomodação** do comandante, os trabalhadores, cada qual fazendo **mecanicamente** sua parte, a **alienante euforia** nos salões e o navio naufragando.

SUCESSO

CAPÍTULO 04

56 SEGREDO DO SUCESSO

— Qual é o **segredo** do sucesso?
— A primeira condição é **não se preocupar com ele,** ter um sonho no coração, uma estratégia na mente e todo o corpo em movimento.

57 SUCESSO
— **O sucesso é necessário?**
— O sucesso é um combustível realimentador de energia, que funciona, não pelo reconhecimento externo e fugaz de outros, mas pela **satisfação interior.**

· · · · · · · · ·

58 AVANTE
— Que fazer em relação à perda total?
— Há a grande dor, não a perda total, a não ser para os suicidas... Reconstruir é a motivação sublime que dignifica o ser humano. O espírito educado está alerta, na fé e no amor, em sua diretriz. **Avante!**

59 SUSTO
— Assustado?
— **O susto alerta!**
A pedagogia do susto nos diz: a vida é risco, assumido com estratégia.

60 AUDÁCIA
— Caminhar?
— **Caminhar sim, mas ter norte, bandeira, determinação.**

61 RENOVAÇÃO
— Se tudo está dando errado, **o que fazer?**
— Comece abrindo a janela e, simplesmente, procure algo belo que faça diferença na paisagem. **Esse é o começo da renovação.**

62 SORTE
— O sucesso não é uma questão de sorte?
— **A sorte não existe;** o que há é a capacidade para perceber a oportunidade e prontamente agir. É o que definimos como se colocar no **circuito da oportunidade.**

63 OPORTUNIDADE
— Que fazer quando tudo parece perdido?
— Pensar, pois **sempre há uma saída para o sucesso** para quem pensa estrategicamente.

64 FUTURO
— E, agora?
— Avante! Siga a recomendação bíblica: **"não olhe para trás".**

65 IMEDIATISMO
— Você ainda não percebeu que aqui **queremos resultados?**
— Quem pensa de forma obsessiva em ganhar muito e rapidamente, pode conseguir, mas **por pouco tempo.**

66 FAMA
— Que dizer da fama?
— **Nada,** pois **já passou.**

. . . . . .

67 AMIZADE
— Falhou tudo?
— Não, **sobrou a amizade!**

68 SERVIR
— Como servir?
— Deixe sua **lembrança pessoal,** sinal de que você não passou apenas, **mas viveu.**

69 DINHEIRO
— E o poder do dinheiro?
— Para Santo Agostinho, o dinheiro é um **ótimo escravo,** mas um **péssimo senhor.** A síndrome do Rei Midas, o qual morreu de fome, pois tudo que tocava virava ouro, ilustra o poder do dinheiro sobre os espíritos ávidos.

70 ENGODO
— É um equívoco definir sucesso por meio da imagem do **vendedor competente,** como aquele capaz de vender geladeira para esquimó. Você não concorda?
— Se o esquimó comprar, posso imaginar sua reação diante de uma **segunda proposta...**

. . . .

71 ESSÊNCIA
— Em que deu seu sucesso?
— Tinha tudo e, repentinamente, não tinha nada. **Faltou o essencial: a amizade!**

72 DESCAMINHO
— A audácia é **suficiente?**
— O barco que sai sem uma estratégia, pode ser que chegue a algum porto, mas será o **desejável?**

73 MENSAGEM
— Qual é a mensagem para o **jovem?**
— **Avante!** Mas vá com coração, espírito empreendedor e competência.

74 ESPÍRITO ROTINEIRO
— **Todo mundo faz assim, por que não?**
— Exatamente por isso!

75 ESPERANÇAR
— Quem espera, alcança?
— **Espera não é esperança;** uma é estática, presente, limitada; a outra é dinâmica, é o futuro desafiante e sem limites. Quem espera, consegue por acaso; quem tem esperança, já conseguiu.

....

76 SUCESSO ILUSÓRIO
— **Sucesso, uma ilusão?**
— A ilusão do sucesso consiste em procurá-lo na **aclamação.** O que importa não é o reconhecimento formal e transitório da massa, que não resiste à inveja e às ambições. Em cada aplauso coletivo, há o desejo inconsciente de ver o rei cair do trono. **Bem-sucedido é quem cumpre uma missão.** Só poucos têm condições de avaliar isso, mas são os que importam, **estes são os imprescindíveis!**

77 INÉRCIA
— Qual é o risco do **poder absoluto?**
— O leão, alheio às transformações, mantinha seu ar soberano, prepotente, ameaçador, mas, **acomodado ao sucesso,** foi cedendo progressivamente à inércia, um dia adormeceu e acordou cãozinho adestrado...

78 AÇÃO RENOVADORA
— Estamos em crise, **o que fazer?**
— **Na crise,** vive-se o paradoxo: ao perder-se a cabeça, gera-se o caos ou, pela conscientização e inteligência compartilhada, constroi-se a **estratégia;** ao perder-se o coração, deflagra-se a guerra ou, pelo exercício da solidariedade, cria-se a **paz** pelo compromisso coletivo; ao perderem-se os braços, na desesperança, gera-se a irresponsabilidade inerte ou, pela ação liderada, realiza-se a **obra renovadora.**

FELICIDADE

CAPÍTULO 05

79 EMPRESA FUTURA

— Qual é o maior **desafio** à empresa?
— O grande desafio à empresa do futuro é realizar a **pedagogia do amor e da felicidade,** pois organizações emocionalmente saudáveis **transformarão o mercado** e irão contribuir para uma **sociedade justa,** onde valerá a pena viver.

80 EMPRESA FELIZ
— Você **acredita** em empresa feliz?

— Muitos querem uma receita de bolo; muitos, mais ainda, querem o bolo pronto, mas não é por aí. Empresa feliz é simplesmente a empresa **bem administrada,** com ênfase na **valorização humana,** na **renovação contínua** e na **lucratividade sustentada e participativa.**

. . . .

81 MBA DE FELICIDADE
— Que é essencial à **liderança?**

— Humor, alegria, felicidade são tão **imprescindíveis** ao líder e à cultura das organizações que deveriam ser matérias obrigatórias na **formação de administradores.**

82 FELICIDADE
— Que é **ser feliz?**

— É saber que tudo é caminho, é fazer do caminhar com alma algo **transcendente, desafiante e prazeroso.**

83 VIDA
— Qual é o **sentido da vida?**
— Tomemos por modelo uma cruz, em que o vértice superior é a **fé,** o inferior é o **lazer,** o lateral esquerdo é o **amor** e o direito, o **trabalho.** O sentido da vida é **manter o equilíbrio** para sustentar a cruz em pé. Daí **resulta a felicidade.**

84 ALEGRIA
— É possível **conservar a alegria** quando tudo está desmoronando?
— **A alegria está na esperança.** Uma criança que sorri, um passarinho que gorjeia e a flor que o poeta viu nascer do asfalto são lampejos de alegria que revigoram o espírito.

85 AMBIÇÃO
— Qual é o **pior desespero?**
— É quando o homem **transforma sua vida num deserto** e, de repente, coloca nele um saco de diamantes fabulosos e pensa estar riquíssimo, mas, carente de pão e água, morre no maior desespero.

86 HUMOR

— E o que dizer do humor?
— **O humor é força espiritual,** reconstroi mesmo na maior destruição. O fino bom humor da natureza está na flor que brota do lodo.

87 IRONIA

— Ironia é humor?
— Ironia é **caricatura** do humor; ela se vale dele para camuflar sua **intenção destrutiva.**

88 AUTOESTIMA

— Será que vão gostar de mim?
— Depende, **você gosta de si próprio?**

89 GRATIDÃO

— Que dizer da **ingratidão?**
— Só o **espírito superior** é grato: o reconhecimento gera comprometimento. A indiferença diante do bem recebido é a armadilha inconsciente que domina as **almas inferiores,** para as quais **a gratidão é um fardo,** por gerar responsabilidade. Consta que o filósofo Sócrates respondeu a alguém que lhe cuspiu no rosto: **qual foi o bem que te fiz** para merecer isso?

90 ÓDIO
— Tudo destruído depois de tanta opulência. **Como explicar?**
— **A ambição,** ao mobilizar as forças do ódio, usa a linguagem da destruição e obtém a autodestruição, pois a lei, promulgada e obedecida, é a da **competição,** não a da **cooperação.**

92 ESPÍRITO
— Por que a alegria?
— A alma em festa é capaz de ver **poesia no pântano.**

91 HUMOR ETERNO
— As almas santas chegam ao céu, em tumulto, para o vestibular de ingresso, mas algumas entram imediatamente, por quê?
— São as **bem-humoradas.**

93 GARGALHADA
— Gargalhada **indica humor?**
— Em geral, a gargalhada é simulacro de humor como manifestação histriônica e superficial. **O humor é virtude do espírito.**

94 HUMOR NA EMPRESA
— Como associar o humor **na empresa?**
— O humor é **filosofia de gestão humana.** Nada mais desalentador e desagregador que um **líder triste.**

95 CONCORRÊNCIA
— Queremos **agressividade, garra, paixão!**
— Certo, você terá a **guerra** que semeou!

96 MAU HUMOR
— Mas ele não é competente e **gera resultados?**
— É, mas é **mal-humorado!** Não desenvolve pessoas!

97 VIOLÊNCIA
— A violência não é a **negação do valor da vida?**
— A violência existe para provar a **qualidade da paz,** despertar os mortos vivenciais e afirmar a vitória da supremacia humana. A história demonstra que, ao final, **a maldade é sepultada e o bem glorificado.** Só por aí podemos entender que a humanidade caminha, apesar do caos e das torturas.

VISÃO E ATITUDE

CAPÍTULO 06

98 VISÃO

— Tudo está **cinzento e nebuloso,** em que acreditar?

— Dê-me seus óculos. Pronto, coloque-os agora.

— Milagre! Tudo está claro, que fez?

— **Apenas lavei as lentes!**

99 MIOPIA
— Qual é um exemplo patético de **miopia?**
— O homem olhar-se no espelho e dizer: **não é verdade!**

100 SABEDORIA
— Vivemos a **era do conhecimento?**
— Não, vivemos a **era da sabedoria.** Quatro são as condições à vida inteligente: primeira, a informação para poder construir o conhecimento; segunda, o conhecimento, que é a informação processada e retida; terceira, a competência, resultado do conhecimento, como a aptidão para realizar algo; e quarta, a sabedoria. Afinal, informação, conhecimento e competência são relativos apenas referenciais à ação. Essencial é a **sabedoria**, a capacidade de transformá-la em realidade produtiva. O mundo está **saturado de informação,** o conhecimento **se espalha** e as competências **se multiplicam,** mas pouco acrescentam sem a sabedoria.

101 MORTE
— Tudo se resume em **morrer?**
— A vida é um milagre, a morte, um equívoco construído pelo **homem enlouquecido.**

· · · · · · · ·

102 TERNURA
— O que você vê?
— **Vejo a brisa** como um toque mágico, que dá **cor e sentido** à tarde cinzenta.

103 ILUSÃO
— Urso?
— Há um urso de pelúcia em nosso espírito que encanta, e um urso real, **pronto a nos pegar na distração.**

104 ESFORÇO
— Qual é a condição para **usufruir do esforço?**
— Só é capaz de sentir plenamente a beleza no topo da colina quem **vivenciou** os percalços da escalada como **desafio.**

105 SORRISO

— O sorriso é uma **força?**

— Ninguém resiste a um **sorriso amigo,** a uma fisionomia alegre e a uma palavra de **boa vontade.**

106 DERROTA

— Onde está a **derrota?**

— Estava chovendo e ele dizia: "puxa, ter que trabalhar num dia desses!"; fazia um sol esplendoroso e ele dizia: "puxa, ter que trabalhar num dia desses!"...

107 BELEZA

— Qual é o **sentido da vida?**

— Contemplando o cenário esplêndido, o alpinista não se lembra das agruras da subida. Ao descer, traz na retina o **horizonte conquistado,** que **jamais se esvai.**

108 CLIENTE

— O cliente é rei?

— Eis o paradoxo: a empresa diz valorizar o cliente, mas a rigor **não gosta dele,** pois ele é exigente e reclama. Assim, a organização está **focada na clientela, não no cliente;** daí terem inventado o **marketing.**

109 OPORTUNISMO
- Como definir a **atitude covarde** diante do poder?
- A rã assistia ao conflito da cobra com o crocodilo e, diante da indagação sobre quem estava com a razão, respondeu: "**depende,** qual de vocês não come rã?".

110 SONHAR
- Por que sonhar, não é melhor **ficar atento?**
- A aridez da realidade **infertiliza as oportunidades** não percebidas, pois não foram sonhadas. Quem sonha, prepara-se para estar atento **no momento certo.**

111 INVEJA
- Qual é o **preço** da inveja?
- Antes de atingir o alvo, a inveja **queima a alma** do invejoso.
- **Por que** a inveja?
- A inveja é uma **forma grotesca** de a mediocridade homenagear o **talento.**

112 DIÁLOGO REAL
— E a **ética?**
— O quê!? Você está me gozando!? Estou falando de **ganhar dinheiro!**
— Então você encontrou a fórmula fácil, pode ser que ganhe muito dinheiro, mas **já perdeu o irrecuperável, a dignidade!**

---

113 SEDUÇÃO
— **Qual é o obstáculo?**
— No meio do caminho havia o **medo,** que se abria numa cratera profunda e, embora não mais que imaginação, atraía os viajantes ao mergulho em suas profundezas.

---

114 MEIO AMBIENTE
— Uma metáfora para a **vida sem ética.**
— As águas, que nascem límpidas, **desfiguram-se** pelas contribuições poluídas do meio ambiente e, finalmente, aflitas, **apodrecem** ou buscam no mar a **purificação.**

115 REDESCOBERTA
— **Tudo perdido?**
— Buscou a alegria, não encontrou, a saúde, perdeu-a, a fortuna, roubaram-na, o sucesso, foi fugaz, mas quando a alternativa era o desespero, **com o amor, redescobriu a vida.**

116 DESCAMINHOS
— E a existência rotineira?
— Todos caminham por tortuosa via, traçada por um pioneiro, sem conhecimento e visão. A senda, aberta por instinto, foi seguida por caminhantes desavisados e tornou-se, com o tempo, estrada principal, e por ela passam diariamente multidões sofridas, que lamentam suas agruras, sem que ninguém tenha se encorajado a **enveredar por alternativas mais razoáveis.** Tal postura condiciona a **rotina** e a **miopia,** que derivam da **falta de pensamento crítico.** Essa é a essência de um conto de Walter Foss, "O caminho do bezerro".

117 PROIBIÇÃO
– **É proibido proibir?**
– Autoridade, ordem e disciplina são valores fundamentais, **quando interiorizados.** Ao serem exercidos por **ação externa,** a autoridade vira **autoritarismo,** a ordem transforma-se em **formalismo** e a disciplina em **submissão.** Todavia, nada de duradouro e feliz se constroi sem o emprego **adequado** desses três valores de liderança.

118 ÉTICA E VERDADE
– É possível ser ético **faltando** com a verdade por amor?
– A ética e a verdade têm íntima relação e estas com o amor. Amor sem verdade gera injustiça; verdade sem amor significa crueldade. **Ética é a verdade com amor.**

119 AMBIÇÃO
— Como explicar o **fastio?**
— O homem sobe na hierarquia, aos pulos, **suprimindo pessoas,** amesquinhando os espíritos, **trapaceando** e, exausto, chega ao patamar ambicionado, para constatar melancolicamente: **não há nada,** a não ser o imenso **vazio!**

120 DECISÃO
— ...e, agora?
— Agora, **ou** você aperta o botão e tudo acaba **ou** reconstroi o tempo perdido!

121 ALCANCE
— Que viu de maravilhoso na festa?
— **Belos joelhos,** responde o anão.

122 SUFOCO
— Por que o sufoco?
— O coração, ao enjaular sentimentos que aspiram ao voo, **vive prisioneiro e infeliz.**

123 DILEMA
— Qual é o dilema humano na organização?
— Antes de transpor o portal, cada um irá colocar, **na gaiola,** mente e coração, ligar o **piloto automático** e estar pronto para mais um dia **árido e infeliz.** Ou...

124 LIBERDADE
— Você sabe **para onde ir?**
— Não, não sei, mas aonde for, onde chegar, ergo uma placa: **liberdade!**

125 ATITUDE
— Você treme de **frio** ou de **medo?**
— Estou tiritando de medo, muito medo, **mas estou no meu posto!**

126 DETALHE ESSENCIAL
— Como perceber o **essencial?**
— Há um quadro famoso na catedral de Saint Paul, em Londres, que ilustra o coração humano com uma porta, sem maçaneta. O autor, conhecido como exímio nos detalhes, ao ser interpelado sobre o esquecimento, responde convicto: "foi proposital, **o coração só se abre por dentro!".**

127 VISIONÁRIO
— Onde está o poder criador?
— Todos viam o precipício e o temiam, **evitando-o,** até que o visionário percebeu a beleza e o turismo potencial, e a paisagem **emergiu triunfante** na obra admirável.

128 CONSCIÊNCIA
— O que **incomoda** o ser humano?
— Há um louco que esbraveja dentro de cada pessoa; **é preciso ouvi-lo e civilizá-lo,** pois ele habita a **consciência humana,** local exclusivo do Deus libertador.

129 PERSISTÊNCIA
— Quantas vezes?
— Bateu **uma** vez, bateu **outra** vez, **muitas e muitas** vezes, e, de repente, o surdo abriu a porta.

130 EQUILÍBRIO
— Qual é a medida?
— A chuva miúda é **bênção** à plantação; a chuva tempestuosa **arrasa** a plantação.

131 GRANDEZA
- Quando o pequeno torna-se **grande?**
- O grande, sem grandeza, revela **pequenês de espírito;** o pequeno, iluminado pela fé, **realiza a grandeza.**

132 PROBLEMA
- Dimensão do problema?
- Lá, do espaço sideral, a visão da terra é **minúscula;** e o que dizer dos **problemas humanos!?**

133 COMPETÊNCIA
- Tenho a melhor tecnologia e até um excelente produto, por que o fracasso?
- **Faltou visão estratégica a quem lidera e faz acontecer.**

134 EXCESSO
- Como explicar a **desmotivação?**
- No pomar, há todos os frutos, mas uma grande inapetência. **A opulência gera o fastio.** Só o trabalho desafiante, livre e criativo motiva. O princípio da motivação é **realizar, realizando-se!**

135 EMPREENDEDOR
— O que significa aquele montão de coisas enferrujadas?
— Ferramentas preciosas, sem **cérebro, coração, competência e coragem empreendedora** tendem a virar **sucata** em pouco tempo.

136 NEGOCIAÇÃO
— Negócio é **negação do ócio?**
— Depende da **atitude:** quando a ambição não deixa espaço à **relação harmoniosa,** o próprio êxito torna-se, paradoxalmente, **penoso.**

137 O QUE IMPORTA
— Problemas existenciais?
— Problemas não, fale do **existencial!**

138 FORÇA
— Qual é a **mística** das águas?
— A cachoeira oculta, descoberta pelo desbravador, virou **êxtase** no coração do poeta e transformou-se em **energia** na mente do cientista.

139 PAISAGEM

— Qual é a diferença?

— A paisagem é a mesma, só que de uma das janelas a beleza está **distorcida,** pois se vê através de grades. **A percepção,** educada no exercício da liberdade criativa, **faz a diferença.**

140 JUSTIFICAÇÃO

— **Teimosia?**

— Há um demônio na inteligência humana que se chama **racionalização,** ou seja, a capacidade exaustiva de se **autojustificar.**

141 EQUÍVOCO

— Estão **certas** minhas observações?

— **Não,** você se fixou na sombra, **não percebeu** a realidade **exuberante** sob o sol.

142 A IRA DA MÁSCARA
— Como ser **você mesmo,** com tantas **máscaras sociais** exigidas?
— Ao realçar a habilidade política, como resposta, arriscamo-nos às interpretações dúbias, pelas distorções semânticas, correlacionadas ao conceito dos políticos. Ao afirmar, todavia, a capacidade de **ser autêntico,** prevenimos a ira das máscaras, pois nada resiste à **pedagogia do exemplo.**

---

143 DITADURA DO TEMPO
— Como caracterizar a angústia da **escassez de tempo?**
— Uma das mais angustiantes submissões à ditadura do tempo consiste em algo muito simples: entrar numa livraria e confrontarmo-nos com as **infindáveis ofertas** e a **total impossibilidade de sorvê-las todas.**

HUMANIZAÇÃO E QUALIDADE

CAPÍTULO 07

144 EQUIPE
— Mas você não pode fazer isso **sozinho?**
— **Posso,** mas se desejo continuidade, **preciso fazer em equipe.**

145 DESTINO
— Percorri estradas sem fim e, ao chegar, **não vejo nada.** Por que?
— Se você não foi capaz de enxergar o caminho, **não enxergará o destino.**

. . . . . .

146 VERDADE
— Que é a verdade?
— **É a certeza,** que se torna caminho e vida. A verdade construída **edifica a verdade vivida.**

. . . . . .

147 AMOR
— **Onde está o amor?**
— Antes de se alojar no coração humano, o verdadeiro amor **passa pela consciência.**

148 CONSCIÊNCIA
— Que é consciência?
— **Consciência é Deus no homem!**

. . . . . .

149 DEUS
— Que é Deus?
— **Deus é a razão da vida.**

. . . . . .

150 VIDA
— Que é vida?
— **Vida é a eternidade,** que se faz provisoriamente finita para ser **valorizada.**

151 CORAÇÃO
– Valeu a pena **colocar o coração?**
– **Valeu.** Com o coração haverá sofrimento, mas sem ele o sofrimento **se eterniza.**

152 PERCEPÇÃO
– Que vejo? A **miséria** aniquilando a humanidade?
– **Nada disso,** há sol, energia, ambiente, relva verde, flores perfumando, pássaros cantantes, toda a criação **desafiando-nos a criar.**

153 VALORIZAÇÃO
– Em que consiste a valorização?
– **Valorização** é o homem em **plenitude.**

154 QUALIDADE
– Afinal, **que é qualidade?**
– Qualidade não é a embalagem, **é o produto.** Qualidade não é o produto, **é o atendimento.** Qualidade não é o atendimento, **é o serviço.** Qualidade não é o serviço, **é a empresa,** pois é ela, como um todo, que satisfaz o cliente. Qualidade **é qualidade humana!**

155 PESSOAS

— Estão sendo feitos sacrifícios enormes e **nada dá certo.** O que falta?

— **Gestão!** Falta competência para **administrar recursos** e enxergar que, atrás deles, existem **pessoas,** sem as quais nada acontece. Como há ignorância em perceber esse óbvio.

156 FRACASSO DO LÍDER

— Que dizer do líder que **fracassa?**

— Depende dos motivos; há o **fracasso** e o **fracassado.** Não há perda definitiva para o **líder autêntico.** A alternativa será sempre ação ou omissão.

157 GLÓRIAS

— A glória **permanece?**

— Lutou, lutou e, afinal, julgou-se derrotado: as glórias **ficaram para trás,** impotentes, construídas no vazio circunstancial.

158 HUMANISMO
- E o **humanismo equívoco** nas organizações?
- O humanismo, sem humanidade, é a **fórmula mistificadora** que os manipuladores de consciência usam para todo tipo de **escravatura humana.**

159 VIDA VIVIDA
- Que fazer agora, que **o sonho acabou?**
- Se você não é uma formiga, uma ave, nem um elefante, mas um homem, **só há uma maneira** de vencer o vazio, a solidão e o medo: **aproxime-se de um ser humano e o ame.**

160 FIGURA
- Que é isso?
- É um boneco, uma nuvem peregrina, um elefante, **são infinitas as opções** e as perspectivas de uma figura inerte **ganhar vida** em nossa vida. A cabeça é um baú de fantasias e possibilidades.

161 PRAGMATISMO
– **Empreendedorismo, sem poesia?**
– A lagoa quieta, um barquinho longínquo, a gaivota solitária, os peixinhos felizes, a natureza agradecida. Surge o poeta, tudo bem! Logo chega, todavia, **a ameaça:** o empreendedor, sem poesia.

....

162 DIMENSÃO DO ESPÍRITO
– Onde está a **qualidade** do ser?
– O homem primitivo não andava no ar, sob a terra, nem no fundo do mar, mas o que era impossível aconteceu. A ciência e a tecnologia fizeram maravilhas, mas, **sem a fé, o amor e a educação em seu interior, o ser humano continua um troglodita.**

163 TER TUDO
— Que significa **"ter tudo e não ter nada"**?
— O homem desejou ter fortuna e poder, conseguiu, ficou rico e poderoso **suprimindo liberdades;** tornou-se referência à mídia e sensível à muita bajulação; como não amava, **não era amado;** foi grande, **sem grandeza;** socialmente ocupado, moralmente preocupado; desenvolveu relações, **sem relacionamento;** teve colegas circunstanciais e **nenhum amigo real;** cheio de afazeres e **espírito vazio.** O poder externo implica **escravidão interior:** o coração acorrentado e amordaçado. Há um algoz sutil, quase imperceptível, que pune, mas que, iluminado, pode se tornar salvação: **a consciência!**

164 ERRO
— O **princípio da qualidade** não é acertar da primeira vez?
— É racionalização do fracasso dizer "se não posso fazer certo, prefiro não fazer". **O certo é errar, procurando errar cada vez menos.**

165 TRANSCENDÊNCIA

— Não é um absurdo pensar em **cultura transcendente na empresa?**
— Absurdo é pensar numa **empresa não transcendente.**
— Como assim?
— Há vida, há transcendência; não desenvolvê-la é a alternativa de **vegetar e animalizar-se.**

ESPIRITUALIDADE

CAPÍTULO 08

166 ESPIRITUALIDADE
— É possível a espiritualidade na empresa?
— Seria mais adequado questionar: é possível empresa **sem espiritualidade?**
— Bem, mas a empresa está circunscrita a um **contexto de mercado,** no qual o sistema e a prevalência são o **capital** e a **competição.**
— Melhor, significa que o espírito **fará a diferença.**

167 CRISTIANISMO
— Se fosse realizar **cristianismo** na minha empresa, ela **quebraria** em dois tempos.
— Se você **não realizar** cristianismo em sua empresa, ela **não resistirá** a dois tempos!

168 CONTRADIÇÃO
— Que dizer de tantos líderes religiosos que praticam o **inverso** do que **pregam?**
— O "Cristo crucificado" e o " Cristo ressuscitado" são dois fundamentos teológicos que mostram que ninguém se aproxima de Cristo **sem comprometimento;** ou está **ressuscitando com Ele** ou **flagelando-O.**

169 VIDA QUE PASSA
— Numa via movimentada de metrópole, um jovem senta-se em um banco, com uma tabuleta e os dizeres: **eu sei onde está a felicidade.** Durante o dia inteiro, ninguém parou para perguntar. Você pararia?
— Provavelmente, não; **melhor julgá-lo louco.**

170 RAZÃO DE SER

— O lucro é **razão de ser** da empresa?
— Se examinarmos centenas de pesquisas com executivos bem-sucedidos sobre os fatores que determinaram seus êxitos, iremos identificá-los, em essência, com a matriz espiritual. Eles não dizem "realizamos grandes lucros para a organização", afirmam: "contribuímos para tornar a empresa melhor, e sentimo-nos realizados". Evidente que **os lucros são instrumentos de mensuração,** mas não são razão de ser.

171 CAMARADAGEM

— **E a amizade?**
— A amizade é uma **moeda rara** na relação social; o que predomina é a **camaradagem,** fórmula de autodefesa na **artificialidade da convivência descomprometida.**

172 GUERRA

— Todos caminham alegres, cantando para a **autodestruição;** como entender?
— Tal atitude pode conduzir **o marketing da alienação!**

173 ESPÍRITO E MATÉRIA

— Há **incompatibilidade** entre espírito e matéria na empresa?

— É preciso **viver** espírito e matéria, equilibrados numa realidade vital, que se define pelo **estado de completude.** Como, por exemplo, a igreja não é uma instituição exclusivamente espiritual, **a empresa não se expressa por sua materialidade pura,** embora a inconsciência em querer reduzi-la a custos e ganhos lucrativos seja grande. Em qualquer situação de vida – é uma questão de lógica existencial –, ou estamos integrados ou fragmentados. **Ou realizamos o lucro, com espírito** e, assim, contribuímos para o desenvolvimento, **ou acumulamos a riqueza que corroi,** ao significar ganhos egoísticos que acabam anulados, por falta de alcance social.

174 ALIMENTO ESPIRITUAL

— De que se alimenta o **espírito?**

— O espírito alimenta-se do **sonho,** fortifica-se na **crença** e efetiva-se na **realização.** A espiritualidade não está lá fora, longínqua, a ser conquistada em aventuras extraterrestres; está próxima e profunda no **eu interior,** que tem as perguntas e as respostas ao viver em **plenitude.** Sem a busca interior, as conquistas do mundo **se esvaem.**

175 VULNERABILIDADE

— Onde está a maior **fraqueza humana?**

— No discurso inflamado ou no suave aceno insincero dos demagogos de toda espécie, não só político, como filosófico, religioso ou literário explorando o centro humano de maior vulnerabilidade: **as emoções humanas.**

176 ESPÍRITO

— Puxa, que tempo tempestuoso!

— **Preservado o espírito, tudo faz sentido.** A crise não assusta as mentes preparadas.

177 SONHO POTENCIAL
— Como avaliar a **potencialidade** de um sonho?
— Um jovem teve um sonho e pensou: **"Impossível!** São muitas as dificuldades". As dificuldades foram muitas e o sonho ficou lá, amortecido. Um dia, o sonho **ressurgiu revigorado** e transportou o jovem em sua onda...

• • • • • • • •

178 O BEM
— **Existe o bem?**
— Existe o bem, que é permanente, e um bem, que é transitório; o mal, que destroi, e um mal que pode construir.
— Exemplifique.
— Um pai, que pune seu filho por causa de um delito grave, está lhe fazendo um mal, pois está lhe impingindo sofrimento, mas está lhe fazendo, em verdade, **o bem,** pois está educando-o para que se previna de situações futuras; se não o punisse, estaria lhe proporcionando um bem, pois não o faria sofrer, mas, na realidade, estaria lhe fazendo **o mal,** por não prepará-lo para as situações críticas da vida.

179 MILAGRE
– Uma gaivota suave, flanando num céu absolutamente azul; há imagem mais forte para alegrar o espírito?
– **Só Deus!**

180 RISCO DE AMAR
– **É permitido amar?**
– O amor é **subversivo**, valoriza a pessoa e gera uma "perigosa" solidariedade.

181 TRABALHO
– O trabalho é **castigo social?**
– A cultura, ao associar responsabilidade à obrigação, gerou o sofrimento na ação. O trabalho como fardo inibe a alegria e destroi a felicidade. No entanto, **no trabalho está o espírito da criação.**

182 PRIMAZIA
– Mas o carro não estava na **preferencial?**
– Estava, mas **a primazia é o ser humano.**

183 QUALIDADE DE VIDA
– Aqui, você tem qualidade de vida, por que vai embora?
– Porque procuro **qualidade de vida!**

LIDERANÇA
EDUCAÇÃO
NEGOCIAÇÃO

CAPÍTULO 09

184 LIDERANÇA RENOVADORA

— Que é **fundamental** ao líder?
— O líder, em essência, é um **educador** e seus instrumentos básicos são a **negociação** e a **delegação de autoridade.**

185 INTEGRAÇÃO
– Qual é o **compromisso** da direção?
– Quem dirige deve saber **liderar,** e só lidera quem sabe **formar, integrar e desenvolver equipes.**

. . . .

186 OPRESSÃO
– Que acontece com a **opressão?**
– O mar acuado um dia se revolta e vem resgatar vigorosamente o espaço que lhe pertence. **A natureza é dócil ao amor e violenta à agressão.**

. . . .

187 MUDAR
– Há uma **dinâmica** na mudança?
– Quando alguém muda, **tudo muda,** há uma nova ordem de relacionamentos, ideias, compromissos; estabelece-se uma nova dinâmica social. **Mudança é renovação.**

188 NEGOCIAÇÃO

— Como **harmonizar** relacionamentos?
— Para negociar é preciso, primeiro, **ter consciência da necessidade** – o autoritário é centralizador, acredita na coação –, segundo, **é necessário saber negociar** – adquirir competência na gestão de pessoas – e, terceiro, e mais importante, **querer negociar**, pois sem a vontade educada não há possibilidades de integração e relacionamento.

189 BRIGA

— Como é possível, se as pessoas **brigam o tempo todo?**
— Por isso **é preciso,** também, **negociar o tempo todo,** até a exaustão!

190 VIOLÊNCIA

— Que impede a **plenitude humana?**
— As águas correriam tranquilas e felizes em direção à grandiosidade do mar, **não fosse a mão traumática do homem predador.**

191 SAÍDA
– Todos brigam, todos têm razão, **qual a saída?**
– **Ouvir!** Colocar o coração no ouvido.

. . . . . .

192 CONVERSÃO
– Há uma **pedagogia da conversão?**
– Uma liderança carismática pode produzir conversões repentinas e radicais, mas, **sem sustentação educacional, ela logo se esvai.** Faltou renovação da cultura.

193 EQUIPE
– Existem **equipes** nas organizações?
– Enquanto prevalecer a **mística da dominação,** superiores/subordinados, escravidão do pensamento e inibição da participação, **não haverá real formação de equipes.**

. . . . . .

194 EDUCAÇÃO ECOLÓGICA
– Ali está seu maço de cigarros, **arremessado na grama!**
– Está vazio, não quero mais.
– **Nem a cidade!**

195 FÉRIAS
— Estou de férias, **não quero saber de mais nada!**
— Quer dizer que **fechou as portas à vida?**
A quietude do espírito dá sentido às férias, como momento de reflexão à qualidade existencial.

196 LÍDER
— Desses 45 atributos, quais os mais **essenciais a um líder?**
— **Um,** sem o qual o líder não se sustém e, com o qual todos os demais podem ser desenvolvidos: **ser ético!**

. . . .

197 DESAMOR
— Quando se perde a **dignidade?**
— Tirem do homem a **capacidade de amar** e teremos a fera raivosa, dominadora de reinos e devoradora de pessoas.

198 PARÁBOLA
— **Que é parábola?**
— Parábola **é um princípio de verdade.** Um alerta ao pensar, em meio ao excesso de estímulos que bloqueiam a visão. Uma centelha que faz irradiar a luz interior. A parábola **é a vida em cores e significado.**

199 INOVAÇÃO
— A inovação **garante o êxito?**
— A inovação tecnológica é fundamental como **vantagem competitiva,** mas geralmente comete-se o paradoxo de adotá-la sem que se **estimule a criatividade** na aplicação.

200 SIMPLICIDADE
— **Como vencer com simplicidade?**
— A simplicidade tudo pode; mas o simplório anula tudo. **O importante não está em vencer, mas em permanecer vencedor,** com simplicidade de espírito.

201 IMPOSSIBILIDADES
– É possível construir num meio **hostil?**
– Não é estranho que do charco nasça o lírio? **Não subestimem a esperança e a educação!**

202 POESIA
– **Para que serve a poesia?**
– Certamente, para quem duvida, **nada!**

203 LÍDER É LÍDER DE IDEIAS
– Uma andorinha só faz verão?
– **Por que não?** Se ela é **líder...** A liderança implica propostas, atrai adeptos, cria condições, passa energia, transmite o que há de mais forte: **ideias,** com estratégia de aplicação.

204 IDEIA
– Como aproveitar o **potencial de força** de uma ideia?
– Não há nada mais forte que o potencial de força de uma ideia colocada **na hora certa.** Aparentemente frágil, mas potencializada pela fé, **remove montanhas...**

205 CONHECIMENTO

— Olhando pela janela, **só vejo o nevoeiro.**
— Quem conhece a paisagem sabe que por trás há um castelo, uma igreja e muitas árvores. **O ignorante só é capaz de ver o nevoeiro...**

....

206 GANHO

— O que quero é **ganhar dinheiro!** Que você sugere?
— Que saiba primeiro **sentir um pôr-do-sol** e, depois, ir à luta com um propósito construtivo.

207 MALDADE

— **O mal existe?**
— Há uma forma terrível de maldade que se disfarça na **bondade aparente** que abriga e amplia a injustiça social. **A incompetência** faz parte desse time.

208 BEM

— Será que o bem **realmente prevalece?**
— A força do bem nem sempre é compreendida e praticada, mas **é a única que perdura.**

209 MENTIRA
— **Mentira repetida torna-se verdade?**
— A mentira, por algum tempo, pode erguer um prédio, mas não constroi uma cidade.

. . . .

210 BANDEIRA
— No alto da coluna, tremula uma bandeira. Quem a colocou?
— É um mistério, mas significa para todos nós um sinal de **esperança.** Alguém acreditou, **por que não acreditarmos?**

211 ECLIPSE
— Por que os tempos são de violência e o desânimo vai se generalizando?
— Vivemos um momento histórico de **eclipse de liderança** e, como resposta, a **apatia coletiva** e a **omissão.** A atitude "não é comigo", "o que vou ganhar com isso?" induz a um **estado de alienação e derrota,** assumido inconscientemente. É o desafio à cidadania e à ação civilizatória como **responsabilidade de cada um.**

212 GESTÃO DE CRISE

— Como superar **crises graves,** que põem em risco a normalidade e a sobrevivência das organizações?

— **Toda crise é, essencialmente, um problema de gestão.** Isso, dito assim, parece apenas um óbvio, sem consequências. Daí os equívocos habituais. Gestão significa **lideranças integradas.**

— O que integra líderes?

— **Verdades comuns,** ou seja, princípios negociados e consensuais, que se traduzem em crenças e estratégias compartilhadas.

213 DETERMINAÇÃO

— Como conseguiu atravessar pântanos, rios, despenhadeiros, chuvas, enchentes, dominar feras e **atingir o objetivo impossível?**

— Sabia que ia chegar, pois, há muito, **coloquei nele o coração.**

. . . . . .

214 TEMPO

— Algum dia você fará esse trabalho?

— Quem diz **"algum dia"** está dizendo **nunca!**

215 ATITUDE EMPREENDEDORA
— Em que consiste a **atitude empreendedora?**
— Um proprietário selecionou dois profissionais para a gestão de suas fazendas. Ambos eram qualificados e as propriedades semelhantes. Ao final do contrato, verificou-se que os gestores desempenharam suas funções com competência, sendo que um aproveitou suas folgas para cultivar um pomar, para uso caseiro, vendendo o que sobrava e assim, pouco a pouco, criou um negócio novo, rentável e promissor. Este teve atitude empreendedora.

216 ABERTURA
— **Qual é o símbolo?**
— A porta, aberta ou fechada, encerra desafio à vida. Construa sua porta e a abra ao anjo bom que o transportará a paragens mágicas onde a claridade revigorará o espírito. Símbolo é **projeção do sonho desafiante,** imprescindível à sobrevivência.

217 DESESPERANÇA
— A **crise** amedronta?
— **A crise alerta.**
O medo e o pânico frequentemente revelam frustrações em querer colher frutos não plantados.

218 RENOVAÇÃO CONTÍNUA
— Como, renovação?
— Meu lema é: **pessoas em renovação, numa organização em renovação contínua.**

219 EDUCAÇÃO
— Precisamos investir mais em cursos?
— Talvez, mas precisamos mesmo é de **educação:** consciência esclarecida para compreender e desenvolver a visão, competência para melhor fazer, gestão da inteligência criativa para transformar. Isso significa **educar para a liderança.**

220 QUALIDADE
— O quadro está bom, mas faltam alguns detalhes.
— E daí, **ninguém vê.**
— **Eu vi!**

221 COMUNICAÇÃO
— Usamos todos os meios de comunicação, mas percebemos que os gerentes **boicotam a informação** às suas equipes. Como explicar isso?
— Embora não haja percepção, a empresa privilegia a competência empreendedora e individualista, premiando o **desempenho pessoal,** não o da **equipe.** Ora, se informação é poder, **não é transferida.**

222 CONHECIMENTO
— Com esse nevoeiro denso, **como é possível enxergar?**
— Enxerga-se a paisagem memorizada pela **experiência.**

223 CONTINUIDADE
— Pronto, cheguei! **E agora?**
— Agora? **Continuar,** pois não há vitória que não traga o risco iminente de fracasso.

224 CRISE
— Há problema?
— Quem disser não, nada percebeu. Tudo que está em movimento **está em crise e em transformação.**

225 RAIVA
— Que dizer da **raiva,** face à injustiça social?
— A raiva **não é nada,** é um sentimento secundário, próximo do ódio, que destroi, destruindo-se antes. A intolerância com a injustiça social não deve provocar a raiva, mas a **estratégia.**

226 DECISÃO
— Açúcar ou adoçante?
— Decisão, decisão, decisão, é **decisão o tempo todo!**

227 PERCEPÇÃO
— **Como descobriu a traição?**
— Bastou olhar **no olho.**

228 ETAPAS DA MUDANÇA
— É importante **denunciar o erro?**
— Sim, mas nada vale a denúncia **sem a proposta.** O processo de mudança envolve seis etapas: conscientização, protesto, proposta, execução, avaliação e renovação contínua. A denúncia no vazio pode até provocar conscientização do erro, mas, sem perspectivas e propostas concretas, desenvolve as **forças do ódio e da revolta** incontroláveis.

229 CONSTRUÇÃO
— Como tudo começou?
— Com um sonho, um tijolinho, uma estratégia e **muita vontade.**

. . . .

230 AMEAÇA
— Viver a beleza, **como?**
— Na quietude contemplativa da paisagem exuberante, a estridente buzina do carro parece identificar o demônio, advertindo-nos que o mal existe.

231 COMUNICAÇÃO
— Que é necessário para **superar obstáculos?**
— Vejamos uma pequena história: depois de várias horas na floresta, o caminhante defronta-se com um rio e deve transpô-lo; perguntado como, responde que a nado, aí recebe a informação que o rio é infestado de jacarés e a indagação: "Por que não atravessa pela ponte?", o caminhante se espanta e exclama: "Ora! Não foi dito que havia ponte!". "Você não perguntou", diz o outro, com indiferença. Esse diálogo está acontecendo **a toda hora nas organizações.**

232 COMUNICAÇÃO APARENTE

— Que dizer da **comunicação aparente?**
— Quando duas pessoas se encontram e dialogam: "Bom dia, como vai?" – "Vou bem e você?", houve comunicação? **Tecnicamente sim,** pois houve *feedback*, mas nada vale a técnica sem a **filosofia.**

233 EMOÇÃO

— **A razão salva?**
— O homem, em essência, não é um ser racional, mas **emocional.** Por via das emoções pode entrar o gênio construtivo ou o monstro que aniquila. É um erro frequente, inclusive das escolas, querer trabalhar a **inteligência racional,** negligenciando a **educação dos sentimentos.**

234 GESTÃO INTELIGENTE

— O que é **essencial em gestão?**
— Há um instrumento de gestão, sem o qual não há gestão: a **delegação de autoridade,** por meio da qual se mobilizam inteligências e valorização humana, construindo a liberdade criativa, com responsabilidade na aplicação.

235 AGITAÇÃO
— Qual é a **síndrome do executivo?**
— **Muita agitação, sem reflexão:** a realidade empurra o executivo ladeira abaixo e, na queda vertiginosa, ainda alimenta a **ilusão** de estar subindo, até o baque definitivo.

236 CONECTIVIDADE
— **Que é conectividade?**
— Pense como todo o universo está comprometido com o desabrochar de uma rosa!

. . . .

237 DETERMINAÇÃO
— **Prevenir, como?**
— Previsões, sonhos e devaneios podem preparar o caminho, mas se você não caminhar com **determinação** ficará vagando sem rumo e sem perspectivas. Realiza-se o paradoxo: o caminhante parado e o caminho andando.

238 PEQUENA CRIATIVIDADE

— **Como nasce** o grande evento?
— A grande obra segue a lei da natureza, nasce da **pequena ideia** que vai se robustecendo, na esperança e na determinação, até o reconhecimento. É a **pequena criatividade,** alimentada no dia-a-dia, que **alarga horizontes.**

239 PERSPECTIVA

— Qual é o **erro** do sonho?
— Na expectativa de que um dia a estrada passaria por seu casebre, o caboclo envelheceu, amargurado e perdido na aridez de uma vida sem horizontes, como tantos dentro das organizações...
— O sonho é o **fundamento** que se efetiva na **construção.**

240 VOCAÇÕES

— Como compreender a vocação?

— Três árvores foram plantadas no mesmo momento, terras e adubagens iguais e mesma assistência. Uma apenas floriu, a outra frutificou e a outra, raquítica, não se manifestou. A um olhar menos cuidadoso, só a que dá frutos se justifica, mas a que gerou a flor, produziu beleza e a outra, acessível, generosa, entregou-se ao lazer das crianças. Três vocações, três serventias. **Sem compreender a vocação, não há felicidade na destinação.**

241 GESTÃO DO PENSAMENTO

— O que é **essencial** à gestão?

— **Pensar, pensar estrategicamente, pensar estrategicamente em equipe.**

. . . .

242 ORDENS

— **Resultados, quero resultados!** – grita colérico o ditador.

— A multidão observa **muda e impassível!**

243 RATO
— O homem é um **rato?**
— O rato não constroi ratoeiras, o homem arquiteta armadilhas **para outro homem.** Será essa a **única** diferença?!

. . . .

244 IMPOSTOS
— Você é um homem ou uma **ameba?**
— Essa dúvida é que me mata! — responde o contribuinte, **esmagado em seus direitos de cidadania.**

. . . .

245 LIVRO
— Justifica-se escrever?
— O autor, mesmo que tenha só um **único** leitor está justificado.

. . . .

246 SABEDORIA
— A competência **resolve?**
— É uma tragédia existencial: o saber, sem a sabedoria. Ter muita informação e conhecimento mas ser **zero** em aplicabilidade leva à **frustração,** perda de tempo e de oportunidades.

247 ARTE E CULTURA
— Arte e cultura! Mas **o que são arte e cultura?**
— Se você pega uma pedra e diz que é arte, passa a ser arte, o mesmo com a cultura, face a qualquer manifestação, aceita como criativa. Mas existe arte e Arte, cultura e Cultura; a opção de qualidade nasce da **educação do espírito.**

· · · · · · · · ·

248 FUTURO
— Que esperar?
— Quando estava prestes a se desesperar com o presente, constatou, surpreso, que o futuro estava lá e **tudo mudou.**

249 PARAR
— Quem para é poste?
— Pior do que quem para no espaço, é quem está **parado no tempo,** sem perceber que o mundo, apressado, não espera e **atropela** os parados.

250 CIVILIDADE
— Como **manter limpa** a cidade?
— É preciso, primeiro, que a cidade **seja limpa.**

251 MASSA
— Existe a **incomunicação?**
— Comunicação de massa é o **artifício** dos poderosos para **não ter** que se comunicar.

252 ERUDIÇÃO
— A escola **é importante?**
— É, mas informação e conhecimento, sem **consciência crítica** e **propostas,** criam a erudição, sem a construção.

253 JUVENTUDE
— Como sinalizar a **maturidade?**
— Aos 96 anos, ela é ativa, autossuficiente, dirige o carro e a vida, a sua e a do marido, de 84 anos, apático e infeliz. Quando nas conversas alguém fala sobre morte, ela retruca decisiva: só quero saber de vida, pois preciso estar preparada para aproveitá-la quando ficar solteira!

254 QUOCIENTE DE FELICIDADE

— É suficiente ser racional para **obter êxito?**

— Primeiro privilegiou-se a razão – o QI, quociente de inteligência –, depois enfatizou-se a emoção – o QE, quociente emocional –, mas restou um **vazio:** o tradicional desencontro entre **razão e emoção** na prática do relacionamento humano nas organizações. Para preencher esse espaço é que sugerimos o QF, **quociente de felicidade,** que se fundamenta na sabedoria da convivência, implicando dar praticidade e equilíbrio aos quatros vetores da existência humana: **fé, amor, trabalho e lazer.**

255 ARREPENDIMENTO

— Por que não fiz?

— Arrependimento significa agrilhoar-se ao passado; **não gera energias e anula-as ao futuro desafiante.**

256 GAIOLA

– A empresa tem um inimigo interno que se chama **organização!**
– Como?! Sem organização não há **eficiência.**
– A eficiência é, comumente, o disfarce da organização, **cerceadora da liberdade.**
– Quer dizer que você acha que não deve haver organização, nem eficiência? Você afirma um absurdo.
– Absurdo é manter o homem numa **gaiola,** mal vendo a beleza do ambiente, sem poder desfrutá-la, e exigir-lhe que coma alpiste e cante o tempo todo. **A liderança precede a organização.**

257 SELVAGERIA

– Que dizer do **desempregado crônico?**
– Um desempregado, sem alternativas, significa que **todo o sistema falhou!** Quando alguém é injustiçado, toda a humanidade paga o preço. Sem a fraternidade universal, o homem retorna ao primata e tudo o que o rodeia é caverna, selva e fera.

258 DESORGANIZAÇÃO
— Há **virtude** na desorganização?
— Talvez a única virtude da desorganização seja ter que **refazer tudo continuamente.**

. . . .

259 PEDAGOGIA DO NÃO
— A escola **ensina ou educa?**
— A tragédia da educação está nas escolas que desenvolvem a **pedagogia do não:** "não pode", "não é possível", "não é aconselhável", "não..", "não...". Não é por mero acaso que há tanto **negativismo** na sociedade.

. . . .

260 ESCOLA
— A escola **forma?**
— Quem forma deforma. A escola **não é forma, é alavanca.** A escola desenvolve o potencial de liderança e de criatividade que há em todo o ser humano. Sua missão é **habilitar para a vida e para a profissão:** a convivência, a solidariedade e o trabalho.

261 PROFISSIONAL
— A **missão** da escola não é formar profissionais?
— A missão da escola é **desenvolver talentos,** instrumentando-os com o conhecimento e as habilidades que os tornem competentes, mas, acima de tudo, **a escola transmite valores, desenvolvendo a pessoa e o cidadão.**

262 PENSADOR
— Se as organizações cerceiam o pensamento, **onde estão sendo preparados** os pensadores?
— Os pensadores estão sendo desenvolvidos **nos espaços vazios.** Em qualquer lugar onde há a dúvida e o questionamento; onde há o esforço sistemático à descoberta, onde se constroi, junto, o conhecimento aplicável, aí há o pensador, pois está sendo desenvolvida a **sabedoria,** que é a capacidade de tornar o pensamento em realidade.

263 PEDAGOGIA DO AMOR

— Qual é a maior **distorção** da escola?
— A escola que não desenvolve um ambiente de amor está **a serviço do mercado,** não da vida.

264 ESCOLA IDEAL

— Como definir a **escola ideal?**
— A escola ideal é a que cumpre quatro funções fundamentais:
- Desenvolve **pensadores:** compreensão da visão crítica de mundo e da realidade próxima.
- Desenvolve o **amor:** a solidariedade como base do relacionamento e da convivência.
- Desenvolve a **felicidade:** o sentido de realização pessoal e social. O outro é imprescindível: ninguém é feliz sozinho.
- Desenvolve o **estrategista/renovador:** o líder! O potencial de liderança está em todo o ser humano. O líder tem visão estratégica e o compromisso com a mudança renovadora.

Ou a escola é **transformadora** ou não é escola!

265 PROBLEMA DA ESCOLA

– Qual é o maior **problema** da escola?
– O grande problema da escola está dentro dela: **realidade fragmentada.** Há líderes, não há liderança! Dirigentes, corpo administrativo, técnicos, orientadores, professores, alunos, pais de alunos como "ilhas" não se intercomunicam, **não há integração, não há sinergia.** A escola torna-se um **arquipélago organizacional, sem visão estratégica.**

. . . .

266 EQUÍVOCOS DA ESCOLA

– Quando se pensa sobre a escola, quais são os **equívocos comuns?**
– Ao se discutir a qualidade da escola, fala-se na relação ensino/aprendizagem, metodologia/tecnologia, alfabetização/estatística, instalações/recreação, mas **não se discute educação.** A escola como centro ativo de viver e conviver – uma **comunidade de aprendizagem e liderança,** na qual se exercita o amor, que se traduz na prática da solidariedade.

267 VENCER A INCERTEZA

— É possível perpetuar o sucesso?

— Empreender e ter sucesso é bom, mas ambos não prescindem de uma filosofia básica e senso ético, sem as quais nada resiste à incerteza. Todavia, o sonho é essencial sempre. A maturidade do espírito implica conservar **um pouco de criança** – justamente o sonho –, **um pouco de adolescente** – audácia em empreender – e a **postura de adulto** – equilíbrio e sabedoria em sonhar, empreender e administrar. Daí resulta a perpetuidade do sucesso.

268 DISTORÇÕES DO MAGISTÉRIO

— Quais são as **falhas gritantes** na atuação do professor?

— Professores não integrados, frustrados e inseguros assumem o conhecimento, com senso de propriedade, transmitindo-o **sem espírito de doação,** com **atitudes autoritárias e disciplinadoras. Querer ser ouvido, não ouvir.** Ou o professor é amoroso ou se torna uma máquina de ensino. Qualquer programa de valorização educacional que **não considere** a integração de professores e de alunos como equipes, inseridos em uma dinâmica de escola viva, torna-se uma **falácia.**

269 EDUCAÇÃO
— Onde está a educação?
— Um auditório lotado, um grilo falante e a **ilusão** de que há comunicação. Bate o sinal, todos se levantam. Chamam isso de ensino/aprendizagem e, até, de educação. Quanto tempo perdido e a educação **cada vez mais distante!**

. . . .

270 VAZIO
— Futuro?
— Para a cabeça e o coração desocupados, o futuro é **vazio!**

271 CULTURA EDUCACIONAL
— Felicidade, amor, amizade, solidariedade, liderança e criatividade deveriam ser conteúdos essenciais **vivenciados na escola, em todos os níveis.**
— Mas, como, se os currículos estão **engessados** pela legislação?
— A educação não se realiza no currículo, mas nos corredores da escola, no campus, na ambiência comunitária, onde se convive, nas relações integradas professor/aluno, professor/professor, aluno/aluno. Estamos falando em **cultura educacional na escola!**

DESENVOLVIMENTO

CAPÍTULO 10

272 DESENVOLVIMENTO
— Que significa desenvolvimento?
— Desenvolvimento é **libertar a alma e projetá-la além dos limites.**

273 ADMINISTRAÇÃO

— Em que consiste a Administração?

— **Administração** é o meio de tornar as organizações **eficientes e eficazes** por meio do sistema de liderança. Na linha da eficiência, está a **ordem,** e na da eficácia, o foco são **resultados,** os quais implicam em revisões e ajustamentos no que foi ordenado. Cabe à Administração **compatibilizar o eficiente com o eficaz.** O mundo caminha por meio da ordem e da desordem. Entra aí a sabedoria e o papel da liderança, sem o qual a desordem deixa de ser crise de desenvolvimento administrável para tornar-se caos descontrolado.

274 LIDERANÇA

— Em essência, o que caracteriza o **exercício da liderança?**

— Liderar é a **capacidade de influenciar e obter o consenso,** que pressupõe a **negociação** e o **acordo.**

275 PARADOXO
— **Nada posso fazer, sou presidente.**
— Você pode virar a mesa.
— Que mesa? Não há mesa.
— Se você não é capaz de **enxergá-la,** então não há nada a fazer, mesmo!

276 DISSONÂNCIA COGNITIVA
— Por que a empresa, comumente, tem uma missão descrita para fora e **não a cumpre** internamente?
— Empresa de comunicação sem comunicação; escola sem educação; banco sem crédito interno; varejo sem possibilidade aquisitiva do empregado e por aí afora constituem **problemas de autenticidade.** A longo prazo, nenhum marketing supre o vazio.

277 RECUPERAÇÃO
— **Vou fazer!**
— Se não fez quando podia, **por que fará agora?**
— Estou mais consciente, experiente e decidido à **recuperação.**
— Tudo bem, mas não se esqueça que a vida não tolera o recalcitrante. **Não há perdão para quem mata a esperança!**

. . . .

278 AMOR E ÓDIO
— Por que tanta **desagregação?**
— O amor e o ódio são os **sentimentos fortes que dominam a alma humana.** Na linha do amor está a **cooperação** e a **solidariedade;** na dimensão do ódio, a **competição predatória.**

. . . .

279 CONTINUIDADE
— **Felicidade, amor, solidariedade** são palavras bonitas, mas não saldam a fatura no fim do mês!
— Se não forem consideradas, no entanto, não haverá "fatura" nem **garantia à continuidade** do empreendimento.

280 SABEDORIA
— Que é fundamental à **comunicação eficaz?**
— São três as condições à comunicação eficaz e à estratégia, de um modo geral: **informação, conhecimento, sabedoria.** Significa informar-se de tudo, selecionar os conteúdos para ter conhecimento e competência e saber aplicar, que é a sabedoria em ação. **Nada vale a informação e o conhecimento sem a sabedoria.**

281 SONHO
— **Vale o sonho pelo sonho?**
— Queria mudar o mundo, percebido como pequenininho, mas só entendeu que era grande e complexo quando foi irremediavelmente engolido. **O sonho sem a realidade do conhecimento é alienação.**

282 OBSOLETO

— Em que consiste o **pensamento obsoleto?**

— Pensou: eu sei pescar, tenho um bom caniço, bom anzol, boas iscas, sei onde há peixes e sei usar com habilidade os instrumentos de pesca. Meu comércio está garantido! – e parou por aí seu pensamento. Ao acordar, o mundo havia mudado, mudou a tecnologia e..., até o peixe mudou! Hoje, logo após pensar, o pensamento já está obsoleto, **é necessário repensar!**

283 IMPETUOSIDADE

— Impetuosidade **resolve?**

— Avançou, avançou, ultrapassou os limites e caiu morto e, com ele, a mensagem não transmitida. **Correria não é agilidade, gera a exaustão e mata a oportunidade.**

284 CREDIBILIDADE

— Como **matar** a credibilidade?

— **Pregar o bem e dar o mau exemplo** é a mais diabólica ação antieducacional, pois esvazia o coração ao atingir, na essência, a esperança na grandeza do ser humano.

285 ESTRESSE
— Como neutralizar as situações estressantes?
— **Respire fundo, relaxe e ponha uma boa imagem na mente,** assim verificará que, à medida que as emoções se equilibram, os problemas vão diminuindo, muito aquém do que a imaginação fez crer.

286 PRÁTICA/TEORIA
— Em que devemos **confiar,** na prática ou na teoria?
— Se tiver que optar, confie na prática, ela tem as soluções.
— A prática resolve o conhecido, só a teoria avança além.
— **Separadas, seu poder é restrito:** a prática limita a visão, a teoria aliena o espírito. Ao integrar teoria e prática, **alcança-se a sabedoria!**

287 VIDA
— Deus nos enviou a **esperança!**
— Nós respondemos com a **fé!**

288 FÉ REALIZADORA

— Como **distinguir** esperança e fé?
— A esperança **prepara o espírito,** a fé **realiza!**

. . . . . .

289 CONTEMPORANEIDADE

— O que importa é o **presente,** o "aqui, agora"?
— **Somos contemporâneos do futuro,** o presente é um momento fugaz, o passado são referências. Num piscar de olhos, o presente é futuro!

290 VIVER

— **"Renovai-vos"**, diz a vida.
— **"Renovemo-nos!"**, responde o coração, surpreendendo a razão, desatenta às coisas essenciais.

. . . . . .

291 MAL

— **Como funciona** a força do mal?
— O bem e o mal **agem no emissor,** antes de produzirem efeito no outro. O bem que é realizado gera felicidade em quem o pratica, o mal, a autodestruição!

292 DIÁLOGO
— **Há paz sem diálogo?**
— Sem diálogo, **não há nada!**

293 DURABILIDADE
— Que torna um empreendimento duradouro?
— **Solidariedade,** mas com estratégia, senão tende a se tornar intenção romântica.

294 PLENITUDE
— **Diálogo é amor?**
— Diálogo expressa relação de amor; por ele flui a vida em sensibilidade e inteligência, a alma abre-se ao entendimento e introduz a paz no coração. **O amor é essência do viver, que é conviver.** A plenitude da vida sintetiza-se no amor vivenciado.

295 ALMA
— Quando a pessoa entra na organização, **deixa na porta o cérebro e o coração?**
— Pior que a burocracia da forma, é a **burocratização do espírito!**

296 FLOR
— Há flores, não basta?
— Se há flores, significa que, sejam quais forem as circunstâncias, o espírito **está vivo!**

• • • • • •

297 RECOMEÇAR
— E o terror?
— Quando tudo parece destruído, contemple o Cristo crucificado e pense na ressurreição próxima, que é o **permanente recomeçar!**

• • • • • •

298 CONSTRUÇÃO
— Vale a pena reconstruir?
— **Qual é a alternativa!?**

299 CLARIDADE
— E o erro?
— Sem o erro, a aprendizagem **não se consolida.** A sombra testemunha a luz.

• • • • • •

300 LIVRO
— Sabe que eu **não tenho um livro** em minha casa? – disse-me um dirigente.
— **E você tem casa?!**

• • • • • •

301 RELACIONAMENTO
— Você se sente feliz comigo?
— **Hein!!!?**

302 MATURIDADE
- Qual é a **condição básica** à pessoa responsável?
- **Decidir é o mais forte indicador de maturidade.** Os autocratas/centralizadores infantilizam as pessoas, subtraindo-lhes a decisão.

. . . .

303 MOVIMENTO
- Como **não se escravizar** às preocupações?
- Pôr-se **em movimento.**

. . . .

304 PEQUENO
- Mas, você não deveria falar aos **poderosos?**
- Se você fala a um pequeno, **há muita chance de obter respostas,** o grande já se basta!

305 PODER
- Quem **promove mudanças** não é a **elite?**
- A elite está comprometida em permanecer, **os pequenos são receptivos às transformações.**

306 PEQUENO TRANSFORMADOR

— Quem é o pequeno transformador?

— Aquele que, **com humildade,** mantém o permanente **espírito de aprendiz,** o **pensamento crítico,** a **vontade** e a decisão de **contribuir criativamente.** Foram pequenos transformadores como **Gandhi, Madre Tereza de Calcutá, Hélder Câmera** que, pequenos e frágeis, realizaram a grandeza, perpetuando suas ideias.

307 ESPÍRITO DE PEQUENA EMPRESA

— Como manter o **espírito de pequena empresa,** mesmo sendo megaorganização?

— Dando voz e ação à pessoa, o que significa **delegar autoridade!**

. . . .

308 MERCADO

— **Ditadura do mercado?**

— De tanto se falar no mercado, este entrou em seu espírito e fincou seus ícones: **competição, ambição, agressividade, possessividade, passionalidade.** Já agora, sob forma aparentemente humana, **existe o mercado, não mais a pessoa.**

309 IMPULSIVIDADE
— Há algo pior que a **indecisão?**
— Não ter dúvidas, e na hora de decidir... decidir **errado!**

310 CLIENTE
— E o cliente?
— **O cliente incomoda,** melhor massificá-lo; deixe que o marketing **trate-o como clientela.**

311 DISSONÂNCIA
— Quando a prática **contradiz** a teoria?
— Belos discursos pela paz, mas a guerra instalada no coração, produz **atitudes e atos beligerantes.**

312 SOBERBA
— Paradoxo de Deus?
— Conhecia tudo de Deus e aí ocorreu o paradoxo: à medida que **crescia em conhecimento,** Deus ia tornando-se **pequenininho,** até ser defenestrado do coração, permanecendo no intelecto.

313 MUDANÇA CULTURAL
— Como mudar a **cultura?**
— Cultura, rigorosamente, **não se muda, renova-se!**

---

314 RESISTÊNCIA CORPORATIVA
— Quando há forte resistência cultural é **impossível** a transformação?
— É uma **ilusão negativa** imaginar a resistência cultural como invencível. Em geral, é uma minoria que faz muito barulho ou de uma inércia rígida, aparentemente intransponível. Basta deflagrar um processo consistente, mobilizador de lideranças, e a fortaleza rui. **A nova ordem atrai os resistentes à adesão, os rebeldes excluem-se naturalmente.**

---

315 DIRETRIZ
— Sintetize uma diretriz de sucesso?
— **Pense, e o horizonte se abre!**

316 ONDE?
— **Onde está a felicidade?**
— A felicidade está na **visão** e na **ação!** No **pensar** e **agir!**

317 FURACÃO
— Como pensar em meio ao **tumulto?**
— No olho do furacão há um **espaço tranquilo!**

318 PODER ABSOLUTO
— Qual é o **ponto frágil** da liderança?
— Ao assumir o poder, a liderança corre o risco de perder a **essência,** ao centralizar a decisão, de perder a **autocrítica** e adotar o **autoritarismo.**

319 VERDADE, SEM DONO
— É possível ser **dono da verdade?**
— A verdade é livre à descoberta; cada qual a vê por meio de um processo próprio de conversão.

320 CONVICÇÃO FECHADA
— Convicção é verdade?
— Convicções inabaláveis, herméticas **fragilizam a verdade!**

321 INQUIETAÇÃO

— Como suprir a **inquietação espiritual?**

— A fé é resposta à inquietação existencial de finitude do ser humano. Sem ela há o vazio espiritual e a angústia insuportável. **Impossível viver sem fé.** A fé alimenta-se na **esperança!**

322 INIMIGOS

— Estimula-se a **amizade nas organizações?**

— Paradoxo nas organizações: todos se sentam à mesa, contam piadas, gargalham, mas são **inimigos potenciais.**

— Por quê?

— Porque quando a cultura empresarial estimula fortemente a **competição,** a **agressividade** e a **ambição,** que se traduzem no individualismo, deflagra as forças do ódio, não do amor.

323 INÍCIO

— Pitágoras disse que **"o início é a metade do todo"**. Concorda?
— Iniciar significa **superar a inércia,** mas o chute inicial ainda não é o jogo, vale para pôr a bola em movimento, o jogo vem a seguir com a dinâmica das equipes em direção ao gol. Existe o gol por acaso, por oportunismo, como golpe de sorte, mas **a vitória decorre de equipes integradas por objetivos comuns.** Fácil de entender, mas a prática demonstra o contrário!

324 MESMAS COISAS

— Por que repete sempre as mesmas coisas?
— Porque são **essenciais!**
— O que é essencial?
— A **verdade** como princípio orientador, o **amor** para conviver, o **entusiasmo** para realizar e a **fé** para dar sentido a tudo isso!

325 ORDEM

— Como conciliar a **ordem** com a **desordem?**
— Nada se constroi sem a ordem, mas não se promove desenvolvimento sem a desordem, que gera uma **nova ordem.** A única coisa que permanece são os **valores!**

326 NOVA CONSCIENTIZAÇÃO

— O que você denomina de nova conscientização?

— Nova conscientização **é o princípio da renovação contínua.** O primeiro passo de um processo renovador é a **conscientização,** a qual corresponde ao senso de realidade, gerando o **protesto,** o qual é o sentimento de revolta diante da situação crítica, que deve induzir à **proposta,** cujo passo corresponde a respostas de solução, impulsionando à **realização,** a qual é a decisão aplicada, seguida da **avaliação crítica,** a qual valida ou invalida as aplicações e gera a **nova conscientização.** Esse é o **processo renovador contínuo!**

327 VIDA DE EMPRESA

— A ética **é programável?**

— Ética não é um programa da empresa, **é vida de empresa!** A ética **é um bem existencial,** sem ela prevalece o princípio da desagregação.

328 DIRETRIZES ÉTICAS
— Como estabelecer a **ética na organização?**
— Certamente, não se estabelece a ética por meio de um código, mas de **diretrizes éticas,** que traduzem a **filosofia empresarial.**

329 SER EMPRESA
— Que significa **filosofia empresarial?**
— Filosofia empresarial, em síntese, quer dizer: **nada se faz, na organização,** sem que se considere os princípios que dão identidade ao **ser empresa!**

. . . .

330 EQUÍVOCO
— **Como formar executivos?**
— É um equívoco grave, porém comum, tentar-se formar executivos, **o certo é desenvolver pessoas para liderar!**

331 PAZ
— Há paz
no universo imenso,
nos ventos,
nas águas,
na terra.

No corpo imenso,
no coração,
no pulmão,
e nas mãos humanas,
há paz.

A paz é regra de vida!
A guerra, uma aberração!

332 SINAL DOS TEMPOS?

— O homem
e a lua diáfana,
refletida na limpidez
das águas encachoeiradas,
com pássaros revoantes,
numa alegria ambiente,
reconfortante.

Num piscar de olhos,
a lua continua lá,
mas a poluição
turvou sua luminosidade
e seus reflexos
sobre a água degradada.
Pássaros tristes
não cantam mais,
precocemente
moribundos.

As chuvas,
transformadas em
líquido ácido,
esterilizam a terra,
sucumbindo a vegetação,
e flores murchas sinalizam
que algo existiu,
mas está se extinguindo.

O homem olha
para dentro de si
e só enxerga devastação.

Mas, o desafio permanece:
sempre há tempo para
renovar!

333 SIMPLICIDADE
— Qual é a verdade na **doutrina cristã?**
— A essência do cristianismo sintetiza-se num conceito, o amor, compreendido em três dimensões: **amor à Deus** (ideal de perfeição), **amor ao próximo** (solidariedade), **amor à si mesmo** (autoestima). Tudo ao mesmo tempo. Nisso reside a visão e a ação estratégica do cristianismo!

· · · · · · · · ·

334 ESTRATÉGIA/PENSAR
— Que é **estratégia?**
— Estratégia implica **criatividade!**
— Que é ser criativo?
— Ser criativo é pensar "fora do quadrado"!
— Como?
— A lógica, racional-linear, numa estreita visão causa-efeito, não responde à complexidade. É fundamental **quebrar paradigmas e enxergar além dos horizontes.**

335 SER SIMPLES
- O que significa **ser simples?**
- A simplicidade resulta do **pensar inteligente,** que é o **pensar estratégico.**
- Exemplifique.
- Em momentos críticos é preciso **parar e pensar:** "afinal, o que é que está acontecendo...?!".

· · · · · · · · ·

336 SOCIEDADE DO CONHECIMENTO
- Vivemos a sociedade do conhecimento?
- **Em termos.** O conhecimento gera a **competência,** mas, sem o **desempenho,** nada vale. Em geral, falta a **estratégia do conhecimento,** que implica **sabedoria.** O homem simples e iletrado da roça pode ter, por intuição e experiência de vida, a sabedoria que o doutor da metrópole não tem.

337 MITO DOS RESULTADOS

— O que importa são os **resultados?**

— A competência tem de gerar resultados, mas muito cuidado com o mito dos resultados!!! Resultado não é passo de mágica, **é fruto de um processo em que a qualidade da gestão é fundamental:** o planejamento e a educação são imprescindíveis, deles resultam a estratégia e a ação estratégica. O resultado, quando fruto da ação reativa, não reflexiva, **é imediatista e transitório.** Quem vende geladeira ao esquimó, só vende uma vez!!!

•••••••••

338 NOVO CAMINHO

— Um novo caminho?

— Por que novo? Melhor seria aproveitar a experiência e **renová-lo!**

339 INTELIGÊNCIA EMPRESARIAL

— Nas organizações, quem é o **vitorioso, o inteligente** ou o **medíocre audacioso?**
— Há uma conspiração contra a inteligência e a criatividade, gerada no poder autoritário e exercida no regime burocrático. Segue-se uma espécie de diretriz: **quanto mais submissas as pessoas, melhor; quem questiona, desestabiliza e incomoda.** Todavia, a inteligência permanece e a criatividade também. Os medíocres passam...

340 VERDADE DE VIDA

— Há possibilidade de numa frase sintetizar toda a **sabedoria da felicidade?** Como conquistá-la?
— Sim! Basta vivenciar a verdade de vida que há no pensamento de S. João da Cruz: **"onde não há amor, ponha amor e receberá amor"**.

341 BRASIL
— Cientistas, técnicos, políticos discutiam sobre os rumos a seguir pelo jabuti-brasil. Nisso, sem que ninguém percebesse, ele começou a andar, em seu passo lento, sem alarde, mas determinado. De repente, alguém do grupo interrompeu a discussão, deixando todos perplexos: **"Ué!, cadê o brasil?"**

·········

342 INFERNO
— Existe o inferno?
— **Com o declínio da esperança, surge o inferno!**

·········

343 FALTA DE HÁBITO
— **"É permitido pensar!"** — foi abruptamente anunciada, como nova diretriz na empresa.
— Todavia, um curto-circuito mental **paralisou a organização.**

344 ALEGRIA
— **Como distinguir** alegria de euforia?
— Alegria é um **estado de felicidade,** a euforia resulta de um **estímulo transitório e fugaz.**

· · · · · · · ·

345 RISO
— **Riso é alegria?**
— Há que se distinguir no riso **três manifestações: o sorriso,** o qual é abertura à simpatia; **a risada,** a qual é a entrega espontânea à alegria e **a gargalhada,** a qual é um mecanismo artificial de fuga. Veja como os políticos demagogos **gargalham facilmente.**

346 PODER DE SER
— **Como conquistar** o poder?
— Vejamos uma metáfora: diante da estrada, três personagens aspiravam obter poder; o primeiro apossou-se de uma lança e saiu à procura de inimigos; o segundo recolheu suas minguadas economias e saiu em busca da fortuna; o terceiro permaneceu, mergulhado em longa caminhada pelo seu interior, e multidões vieram em seu encalço.

347 ALEGRIA, AINDA

– **Como manter a alegria?**

– Uma parábola vai nos ajudar à compreensão: a felicidade convocou sua assistente mais próxima, a alegria, e determinou que, com seu toque, fosse transformando o universo. E foi o que aconteceu; por onde passava, a exuberância florescia. Mas, a inveja, inimiga da felicidade, exigiu de sua fiel auxiliar, a tristeza, que desfigurasse todo o ambiente; esta imediatamente arregimentou suas três sinistras vanguardeiras: a preocupação, a mentira e a corrupção. A alegria, ingênua e indefesa, caiu em depressão. A felicidade socorreu-a: "Fique tranquila, vou lhe dar um aliado poderoso, capaz de vencer a inveja, destruir a tristeza e suas asseclas, preocupação, mentira, corrupção". Deu-lhe o **amor.** Com a sua presença, a alegria resplandeceu!

348 O QUE MOVE O MUNDO

Sábios procuraram o patriarca, sábio maior, querendo saber o segredo da vida. O sábio dos sábios desafiou-os:
- **O que move o mundo?**

Disse o primeiro sábio:
- O que move o mundo é a **motivação.** É imprescindível a vontade, que nasce de uma consistente convicção interior.

Falou o outro sábio:
- O que move o mundo é a **competência.** Não basta a informação, é necessário transformá-la em conhecimento e realização.

Interveio um dos sábios:
- O que move o mundo é a **criatividade.** A ciência oferece todas as respostas e a tecnologia lhes dá praticidade, por meio de facilidades padronizadas. O segredo está na solução diferenciada, portanto, criativa.

Outro se manifestou:
- O que move o mundo é o **amor.** A solidariedade, a abertura do coração ao outro e a disposição em trabalhar junto que irão construir uma nova sociedade.

Afirmativo e pragmático, afirma um dos sábios:
- O que move o mundo é a **estratégia.** Ela sim, conduz a resultados concretos, pois oferece instrumentos objetivos de ação transformadora.

Outro intervém:
- O que move o mundo é a **fé.** É essencial transcender à materialidade e estar conectado com o ser superior.

Na mesma linha, complementa um outro:
- O que move o mundo é a **ética.** São valores interiorizados, vivenciados que preparam o homem à realização e à felicidade.

Com doçura, outro se manifesta:
- O que move o mundo é o **sonho.** Nada grandioso surgiu, antes de ser sonhado. O sonho abre a porta à visão e à estratégia e a obra se faz por meio da competência.

O patriarca ficou em silêncio, ponderou por algum tempo, e respondeu convicto:
- Todos os requisitos apresentados por vocês são imprescindíveis, pois são verdadeiros, mas o que move o mundo é a **liderança,** que pressupõe a existência de todas as condições sugeridas. É a liderança que realmente **faz as coisas acontecerem.**

Os sábios ficaram um tanto perplexos, desconfiados da exatidão da resposta, diante de tantos exemplos de lideranças destrutivas no mundo. Complementou o patriarca:
- O que define a liderança é a aptidão e a capacidade de exercer influência. Toda a relação humana implica uma dinâmica de participação influenciadora. Quem influencia contribui para a decisão. Como todos têm potencial de liderança, o segredo está em transformar esse potencial de força em sinergia para resultados comuns. Assim, a liderança consiste na ideia de que **ser líder é ser líder de líderes.**

— Mas, é isso que move o mundo? – perguntou um sábio, meio descrente.
— A liderança move o mundo, mas é fundamental que haja liderança integrada, afirma o patriarca, acrescentando, se os líderes maiores não se integram por verdades comuns – unidade de pensamento e estratégia de ação –, acontece a tragédia do poder, que é a fragmentação – todos divididos, em competição predatória, em ilhas de dominação. **O que move o mundo é a liderança integrada,** conclui o patriarca.

349 OBSOLETISMO
— Qual é a **ansiedade maior** do ser humano?
— O estigma existencial da **transitoriedade:** num piscar de olhos, o presente já é passado!

• • • • • • • • •

350 EQUÍVOCOS
— De que ética estamos falando? De que educação? De que verdade?
— Conceitos, sem praticidade, **induzem a distorções graves** quando envolvem valores essenciais de vida.

---

351 ATITUDE RENOVADORA
— Tudo está se decompondo?
— Não, tudo está se **renovando!**

---

352 PERPLEXIDADE
— Duas pessoas, igualmente competentes, têm um mesmo projeto. Uma tem capital, a outra não. Qual das duas tem mais chance de ter sucesso?
— Possivelmente, a segunda, pois terá que usar dois recursos fundamentais ao sucesso: **criatividade e capacidade empreendedora** que só funcionam com **visão estratégica.**

353 PALAVRAS FORTES
— Quais são as **indicações essenciais ao êxito?**
— As palavras fortes à conquista de qualquer causa são:
- **Solidariedade:** o exercício do amor – compreensão do outro.
- **Cooperação:** fundamenta o trabalho – composição com o outro.
- **Sinergia:** o produto da liderança – centrar todos em objetivos comuns e resultados.

354 LÍDER EM AÇÃO
— Cite algumas características do **líder.**
— O líder em ação marca diferenças peculiares:
1. O líder não diz "eu realizo", afirma **"nós realizamos".**
2. Numa situação crítica, todos podem perder a cabeça, **menos** o líder.
3. Quando há perplexidades e impasses, é a hora de o líder **decidir.**
4. "Ser líder" é **ser!** Sem autenticidade pode haver comando, não liderança.

355 DEUS
— Pode-se pôr em dúvida a **existência de Deus?**

— Aceitar Deus implica uma lógica muito simples: basta olhar a natureza. **Negá-lo significa acreditar que do nada possa surgir alguma coisa.**

· · · · · · · · ·

356 PARA SER LÍDER
— Que fazer para **ser líder?**

— Lidere primeiro a si próprio, aprenda a pensar com estratégia e disponha-se a servir. **Todos são líderes em potencial.**

· · · · · · · · ·

357 SENTIDO DA VIDA
— Qual é uma **metáfora para a vida?**

— No corpo humano, o cérebro fica a dois palmos do intestino. Essa proximidade mostra, como metáfora, a realidade inteligente e a excrescência a que estamos sujeitos. No meio está o coração, que simboliza a vida. É o que salva o homem. **Onde está o coração, está a vida.**

358 VERDADE DA VIDA
— **Há vida na miséria?**
— A miséria, apesar de ser a antivida, lembra-nos que o lírio, que encarna a pureza, nasce no charco, como um milagre de vida. Não há lugar no homem para o orgulho. **A humildade faz brilhar a inteligência transformadora.**

359 SACRIFÍCIO DA CRUZ
— Como entender o **sacrifício da cruz?**
— O sacrifício da cruz é um absurdo aos olhos humanos, incompreensível ante os símbolos aceitos de sucesso. Todavia, quando tudo parecia extinto, ali na cruz, **o essencial renasce.**

360 PALAVRA

— Qual é a força da palavra?
— O homem
trazia luz interior
e uma indefinida inquietude.

Entre colegas
era brilhante.

Na escola,
foi brilhante
e brilhante tornou-se
no mercado,
na política,
em todos os empreendimentos.

O sucesso era fácil,
mas inquietante.

A luz interior aprisionada.
Renunciou a tudo
e foi brilhante na renúncia.

Andarilho,
sem rumo e sem voz,
percebeu, surpreso,
que, por ser brilhante,

atraía seguidores,
ansiosos por algo.

Parou,
iluminou-se,
falou.

A palavra
libertou a luz interior.

O espírito aquietou-se.

361 PAZ
- **Que impede a paz?**
- A Paz foi convocada ao Olimpo para explicar sua omissão na Terra. Chegou exausta e maltrapilha.
- Você fracassou em sua liderança. Por que ninguém na Terra quer a Paz?
- Ao contrário: **todos querem a Paz!** Esse é o grande paradoxo. Até o mais impiedoso dos tiranos e o criminoso mais sanguinário precisam de um mínimo de paz interior, daí procurar, até no fanatismo religioso, justificativas para seus desvarios. Todos reclamam por minha presença, mas me rejeitam. Sou querida e banida. O problema não está comigo, pois dependo de meu companheiro, sem o qual não posso fazer nada!
- Em um canto, destrossado e triste, mas conservando nos olhos um inexplicável brilho de esperança, espreitava o **Amor!**...

Não é que não haja paz no mundo, o que falta é **espaço ao Amor** nos corações.

362 RELACIONAMENTO
— Que é necessário ao **bom relacionamento?**
— Comece por aprender a dizer "bom dia", "por favor", "muito obrigado".

• • • • • • • •

363 MOMENTO DA VERDADE
— Qual é o **princípio básico** do momento da verdade?
— A palavra não proferida envenena o espírito, mas **diga a verdade, com amor.**

• • • • • • • •

364 ALEGRIA TERAPÊUTICA
— Como vencer a **tristeza?**
— Seja um bom **mensageiro da alegria,** quanto mais cinzento o ambiente, maior a necessidade da luz e da terapia do humor.

• • • • • • • •

365 OPÇÕES
— Há sempre uma única opção?
— Entre o sol e a lua **fique com os dois.**

366 HABILIDADE POLÍTICA

— Qual é a exigência maior ao **exercício da liderança?**
— Poder é uma forte **motivação humana,** pois identifica-se com prestígio e reconhecimento. Assim, a exigência principal à eficácia do líder é a sua **habilidade política,** que se expressa em sua **capacidade de negociação e reconciliação.**

367 ESCADA DA VIDA

— Qual é o **dilema da vida?**
— A vida apresenta-nos duas escadas: uma ascendente, na qual, degrau a degrau, atingimos ao cume, outra descendente, em que, paulatinamente, mergulha-se no fracasso e nas trevas. A opção é a nossa liberdade, todavia, em ambas, corre-se o risco da vertigem, que precipita a queda. **A segurança é a fé.**

PERGUNTAS

CAPÍTULO 11

368 PERGUNTA
— Qual é a condição de uma boa resposta?
— Uma boa pergunta contém **dois terços da resposta.**

369 SENTIDO DA PERGUNTA
— Quando a pergunta **faz sentido?**
— Veja o caso do macaco: tinha todas as respostas, mas esqueceu-se das perguntas. A pergunta implica **objetividade.** Nela estão implícitos **diagnóstico** e **estratégia.**

· · · · · · · ·

370 RESPOSTAS
— Como conseguir as melhores soluções?
— **Pergunte, pense e aja;** em seguida, faça novas perguntas para **validar soluções.**

371 CONHECIMENTO
— As perguntas não são o **início do conhecimento?**
— São, desde que primeiro sejam autodirecionadas, assim, ao formulá-las, **já estão em parte respondidas.**

372 PERGUNTA INTELIGENTE
— Perguntar revela **ignorância?**
— Perguntas são positivas quando **formuladas com inteligência,** senão atestam simplesmente preguiça de pensar. **O bobo é um grande perguntador.** Perguntar sem pensar não é humildade, é **comodismo.**

· · · · · · · · ·

373 EXCESSO NO PERGUNTAR
— Continuar perguntando?
— Tanto perguntou que as respostas já não tinham **nenhuma importância.**

374 HORA DA RESPOSTA
— O momento da pergunta nem sempre corresponde à hora da resposta. **Tudo demanda oportunidade.**

375 EXCESSO
— Quais são os excessos em perguntar?
— Dois excessos destrutivos: **perguntar tudo, não perguntar nada!**

376 A ELOQUÊNCIA DE DEUS
— Como suprir a **angústia do silêncio?**
— Deus tem a **palavra certa** ao ouvido de quem ama.

377 ASSERTIVIDADE
— Quando há **falta de assertividade** nas comunicações?
— Quando a resposta deve ser sim ou não, o talvez é **intolerável.**

378 OMISSÃO
— Que é pior na **omissão?**
— **A indecisão é paralisante.** O indeciso decidiu o não pensar como solução.

379 PEQUENA MUDANÇA
— Uma pequena mudança **pode significar muito?**
— Pequena mudança mental **muda tudo!** A simplicidade de um modelo mentalizado dá dinâmica e direcionamento às ideias e às implementações.

380 DÚVIDA
— **A dúvida ajuda?**
— A dúvida é **necessária** à pesquisa e à descoberta, mas injustificada implica atraso cultural, pois não gera conhecimento.

· · · · · · · · ·

381 LOUCURA
— Qual é a **maior tragédia do poder?**
— A maior tragédia do poder é sua **identificação com o dinheiro,** a partir daí a **ambição** é sem limites. A **corrupção** é a primeira a ser convocada.

---

382 PRINCÍPIO DE VIDA
— **Como se forma a vida?** Juntar coração, pulmão, cérebro, rins e mais órgãos num invólucro faz um organismo vivo?
— Não, é imprescindível ter **alma** para que haja integração, liderança, sistema, estratégia e cultura. Assim é na empresa!

383 ARMAS
— Como começa a **violência?**
— A guerra começa **no coração do homem** e a inteligência cria as armas.

. . . .

384 OBJETIVO
— Como tornar o objetivo **alcançável?**
— O objetivo não é algo que está lá longe: ao fixá-lo, ele já está conosco. **Planejar,** quando colocamos alma nos objetivos, **já é realização.**

385 SEQUÊNCIA DA VIDA
— Qual é a sequência da **vida inteligente?**
— Inteligência no viver implica cinco fases:
Sonho: algo pode acontecer.
Visão: algo que mentalmente está acontecendo.
Estratégia: condições para que algo aconteça.
Ação estratégica: fazer algo acontecer.
Espiritualidade: o algo que se perpetua.

386 ROTA
— **Como determinar o caminho?**
— Ao amanhecer, à sombra das árvores, os passarinhos se encontram para, com São Francisco, traçarem a rota.

387 PARÁBOLA DA PARÁBOLA

A **parábola,** por um descuido dos deuses, escapou da vigilância e embrenhou-se pela floresta.
Logo, encontrou a **felicidade,** o **amor** e a **amizade** conversando. Estavam tristes; queixavam-se da **cultura.** Diziam que esta, por ser muito volúvel e influenciável, nem sempre rodeava-se de boas companhias, tendo como presença constante o **poder** que, é sabido, não sabe selecionar suas preferências.
Com o **poder,** dizia a **felicidade,** apoiada pelo **amor** e pela **amizade,** vem comumente a **ambição,** a **vaidade** e, o que é pior, a **corrupção.** E foi, lamentavelmente, o que ocorreu: a **corrupção** tomou conta do **poder** e fez da **cultura** o que quis.
– As coisas atingiram um grau descomunal de desagregação, dizia a **felicidade,** acrescentando: acho que a **cultura** está irremediavelmente perdida!
– E a **ética?** Onde está a **ética** que não influi? – pergunta a **parábola.**
– A **ética,** suspira a **felicidade,** fez de tudo, mas, frustrada, entrou em profunda depressão.
A **parábola** calou-se, acabrunhada, pensou muito e, de repente, iluminou-se:
– Tenho a solução definitiva para restaurar a **cultura...**
Aí surgiu a **educação!**

388 SANTIDADE

— Existe o santo triste?

— Que todos sejam santos, mas que sejam **alegres.** A santidade não é para predestinados, nem muito menos para infelizes, é a **virtude da convivência amorosa,** que se traduz na **solidariedade** e na **alegria de servir,** como vocação.

REFORÇANDO CONCEITOS

CAPÍTULO 12

389 PODER, SEM GRANDEZA
— Qual é o absurdo do poder?
— Quanto mais cresce o rei, **menor o cidadão.**

390 HUMOR
— Como o humor **vence a guerra?**
— Tornando ridículo o abominável. **O riso afugenta o ódio.** O espírito bem-humorado é terreno da **paz;** nele não vicejam ervas daninhas.

· · · · · · · ·

391 VITÓRIA
— Que é vitória?
— Apesar de todos os revezes, se você está firme, isso já é vitória. Cada situação é um novo desafio – **as vitórias são pequenas paradas de comemoração** para recompor o espírito a novas conquistas.

· · · · · · · ·

392 DERROTA
— Que é derrota?
— É dar guarida à desesperança. Tudo é transitório, **tudo é aprendizagem.** O espírito de renovação **elimina a derrota.**

393 HEROÍSMO
— Quem enfrenta o perigo é **heroi?**
— É heroi quem não fraqueja na situação extrema, mas o verdadeiro heroísmo está em **prevenir a necessidade do enfrentamento extremo.** O risco da omissão, nos momentos próprios, implica criar a situação de crise, que perpetua o heroi como **ideal de salvação.**

394 DOR
— Por que a dor?
— A negligência na hora de agir gera a frustração e a dor, que **sinalizam urgência na intervenção.** Todavia, o analgésico eficaz para a dor da transformação é assumi-la com inteligência, como **estímulo à renovação contínua.**

395 PERDA
— **Como reagir à perda?**
— A perda, mesmo em sua materialidade, é uma ilusão. Percebida como estímulo à superação significa vida em renovação. **"Passa, tudo passa, só Deus permanece"**, dizia Tereza de Ávila. **Com atitude positiva, a perda desafia convicções e competência,** significando fé e ação.

396 CARISMA

— O carisma **explica a liderança?**

— Carisma pessoal é um modo simplista e superficial de tentar explicar o motivo de sucesso de um líder, mas, **em si, nada significa.** A trajetória de grandes líderes, em todas as culturas, mostra uma sucessão de fracassos, até que conseguissem se afirmar no conceito público. Nesses momentos críticos, **onde estava o carisma?** Para assegurar o êxito é necessário competência, visão estratégica e perseverança.

397 AQUECIMENTO GLOBAL

— A terra esta aí, **clamando por socorro!** – diz a formiga.

— **Que tenho a ver com a terra dos outros se eu voo?!** – responde a borboleta presunçosa.

Até que surge o tufão implacável...

398 CULTURA EMPRESARIAL

— Como se forma uma **cultura?**

— Uma ideia compartilhada planta uma cultura. Quando duas pessoas se reúnem para dialogar sobre um projeto, ali está nascendo um **embrião** de cultura corporativa. A solidez dos negócios funda-se em **valores** — uma ética própria — dos quais resultam **verdades, vontades** e **ações comuns,** frutos da prática do **consenso,** que são o **alicerce** da cultura corporativa e do modelo de gestão.

399 DIÁLOGO

— **Diálogo corresponde à conversação?**

— Diálogo é um contínuo recomeçar e redescobrir. É um **fluxo de ideias compartilhadas,** com foco numa meta. Conversa são **palavras soltas** sem, necessariamente, um rumo definido. **A conversa propicia o bom relacionamento; o diálogo gera comprometimento.** Conversação e diálogo servem à negociação, ao acordo e à corresponsabilização por objetivos comuns.

400 INGENUIDADE
— Justifica-se o erro **sem intenção?**
— O elefante é um bom sujeito, é dócil e trabalhador, mas com uma rabanada pode, involuntariamente, causar um enorme estrago. O mesmo pode-se dizer do boi e do estouro da boiada quando não há liderança construtiva. Quando a situação exige profissionalismo, **a ingenuidade e o amadorismo podem significar fracasso total.**

. . . .

401 APRENDIZAGEM
— A ênfase maior é a **qualidade do ensino?**
— Posso ensinar o elefante a voar, mas ele não conseguirá jamais, independente da qualidade do ensino. **O que importa é a educação de qualidade.**

. . . .

402 OBSTÁCULOS
— Qual é a **atitude** face aos obstáculos da vida?
— Superar obstáculos não significa criá-los para os outros. Ou construímos **juntos** a ponte, ou o rio será sempre um estorvo a ser enfrentado sozinho e perigosamente. Se aprendêssemos a consultar, não precisaríamos mergulhar no desconhecido...

403 CONCORDÂNCIA

— Como obter o acordo e **superar o conflito?**

— Concordar no essencial, divergir no secundário para exercitar a criatividade e gerar oportunidades. Esse é princípio educacional de convivência saudável: **consenso sobre valores fundamentais e estímulo ao questionamento na aplicação.** A unidade de pensamento, que é essencial, é construída com profunda reflexão coletiva. Sem ela não haverá jamais autêntica **integração e sinergia.** Com ela, os talentos, as divergências, as contradições são administráveis e ocorrem na esteira da criatividade – tudo está em transformação exigindo melhoria contínua. Unidade no pensar valida diversidades no agir, pois o foco é o objetivo comum. Na união de propósitos reside a **ética da convivência.**

404 IGNORÂNCIA NÃO ASSUMIDA
— Qual é o problema do **não pensar?**
— Pensar implica **conhecer para agir** – muito simples, daí a complexidade em apreender o seu significado. Nas organizações, vive-se uma síndrome mal conscientizada: não se pensa, conhece-se pouco, age-se erradamente. Reduzida atividade reflexiva e muita ação reativa. Paga-se o preço da impulsividade e da ignorância não assumida. Nunca ouvi ninguém confessar: **"erramos por ignorância, pois não pensamos!"**.

405 EXPERIÊNCIA ESPIRITUAL
— A **fé** interfere no pensar?
— A redescoberta da fé **muda o padrão de pensar,** de negativo para positivo, e a partir daí **tudo se transforma.**

406 VIVER
— Que significa **perder o sentido da vida?**
— Escalou a montanha impossível, superou as impossibilidades de acesso e, exausto, chegou ao cume da montanha e adormeceu. Acordou, olhou o relógio, assustou-se, e, sôfrego, empreendeu a descida. Só, tarde demais, percebeu que **havia esquecido de contemplar a paisagem...**

407 PARANOIA E PLENITUDE

– **O mercado produz felicidade?**
– **"Sou feliz!** Tenho tudo o que quis e posso querer muito mais...", afirmam muitos "vitoriosos corporativos", tentando **mascarar** e **exorcizar suas infelicidades.** Paz, felicidade, alegria são essenciais à vivência e convivência. A **paz** brota na intimidade do ser – equilíbrio nas convicções –, a **felicidade** projeta-se pela plena integração à sua realidade – equilíbrio nas relações com o todo – e a **alegria** é a expansão do indivíduo – equilíbrio nos relacionamentos.

· · · · · · · · ·

408 CRISE EDUCACIONAL

– Ensinar **sem pensar?**
– Ensinar sem estimular o pensamento é instrumento totalitário, que **produz escravos letrados.** Já nos advertia Confúcio que **"aprender, sem pensar é uma calamidade".** A erudição que não gera ação renovadora esvazia-se e desgasta-se como um motor que faz barulho e não gera energia. O **foco** da escola não é formar, mas **desenvolver.** A forma é estática, gera um produto acabado; a educação é um dínamo gerando energia renovável.

409 EDUCAÇÃO CORPORATIVA

— Justificam-se transformações **revolucionárias?**

— Sob uma liderança anárquica, a multidão movimenta-se no grito incontrolável e no arrasto destrutivo. As revoluções são involuções terríveis; sobre os escombros, reconstruir é tarefa hercúlea que mobiliza lideranças renovadoras – gestão por foco, cooperação e sinergia. Mas, infelizmente, o que ocorre é a **sujeição desesperada a lideranças salvadoras e tirânicas.**

· · · · · · · · ·

410 RADICALIZAÇÃO

— Que fazer quando a crise chega ao **extremo?**

— Erradicar, ir às causas profundas, extirpar as fontes da desagregação e reconstruir um novo cenário é proposta sensata, como desafio à educação. O risco é confundi-la com aventuras radicais e a ilusão de que **destruir** vai significar **renovar.** Numa situação extremamente crítica, **todos podem perder-se, menos a liderança.**

411 TRANSFORMAÇÃO
— Qual é a dificuldade maior em **mudar uma situação?**
— A educação não será transformada pelos educadores; a gestão não será mudada pelos administradores; a medicina não será salva pelos médicos. Teorias e modelos tendem a enraizar-se em paradigmas intocáveis, numa cultura **conservadora.** Para promover mudanças profundas é preciso **sair fora do quadrado** — isso depende de mentes privilegiadas e lideranças inovadoras, capazes de **romper com o estabelecido.** Essas, em geral, são forasteiras de outras paragens...

412 ESPERANÇA
— **Esperar é esperança?**
— Há profunda diferença entre esperar acontecer e a esperança de que algo aconteça. Na esperança, o algo **já está acontecendo.**

413 SAÍDA
— Quando não há saída, qual a **melhor escapatória?**
— Não será a omissão, nem a passividade. **Pare, pense, espere...** e a oportunidade dirá a hora certa de **agir.**

414 DISPLICÊNCIA
— Estava tudo combinado, **por que não aconteceu?**
— Faltou acertarem o relógio... Quando se perde o sentido das coisas, a vida torna-se uma sucessão de omissões, fugas e frustrações.

· · · · · · · · ·

415 PIORA
— Por que a situação piorou tanto?
— Todos queriam que fosse diferente, mas **ninguém foi diferente!**

416 SUBIR, SUBIR
— **Basta a determinação?**
— Ao chegar ao topo da montanha, queimando todas as energias, na exaustão, só lhe restou uma alternativa: **lançar-se no vazio...**

417 LUTA
— A **vitória** é dos lutadores?
— Lutaram o dia todo, até o esgotamento. Continuaram lutando dias inteiros, até que extenuados, sucumbiram. **Por que lutaram, mesmo?** Nenhum sobrevivente soube responder.

418 VIVER A BELEZA
— Onde está **o sentido de viver a beleza?**
— A existência de uma flor ajuda a viver, mas ao perceber que esta flor renasce todo dia no coração, descobre-se que **isso é viver.**

419 RECOMEÇAR
— Chegamos, **e agora?**
— **Não há chegada; tudo é partida!**

420 RENOVAÇÃO
— Qual é o **compromisso definitivo** com a mudança?
— **Renovar o renovado!
Pessoas em renovação numa cultura em renovação contínua.**

RENOVAROREFORMADO
Gestão de pessoas através do diálogo

O Senhor faz com que minha juventude
se renove como uma águia.
SALMO 103

Parada para reflexão estratégica

— Um símbolo de renovação?

— A ÁGUIA! Porte majestoso, voo magnífico, capacidade de resistência e superação. Sua excelência está em perceber a *hora da transformação* e adotar a *estratégia renovadora* que a torna a ave de maior longevidade. Ao surgirem os sinais de decadência a alternativa é *renovar ou perecer*. Assim, a águia faz sua parada para a vida, recolhendo-se em um local protegido. O processo de renovação dura 150 dias, findo o qual, lança-se altaneira a novos voos e novas conquistas. Essa é uma síntese do que se sabe, e é divulgada, sobre a águia e suas virtudes.

Cento e cinquenta dias de parada à renovação: uma bela metáfora aos líderes.
Sem espaços de reflexão, sem que se perceba a tempo as transformações, as ações tornam-se obsoletas, ineficazes e perecíveis.
A renovação é um imperativo diuturno, numa sociedade em processo de mudança acelerada.
Daí a imprescindível necessidade de *Renovar o renovado: gestão de pessoas através do diálogo.*

ÍNDICE REMISSIVO

A

Abertura 81
Absurdo da estratégia 8
Ação
    inteligente 7
    renovadora 31
Administração 102
Agitação 87
Alcance 47
Alegria 35, 127-8, 138
Alimento espiritual 67
Alma 109
Aluno 100
Ambição 35, 47
Ameaça 85
Amizade 28
Amor 11, 56, 104
Analgésico 17
Aprendizagem 154
Aquecimento global 152
Armas 146
Arrependimento 93
Arte 91
Assertividade 144
Atitude 5
    empreendedora 81
Audácia 26
Autoestima 36
Autoritarismo 10

B

Bandeira 79
Beleza 42
Bem 68, 78
Brasil 126
Briga 73
Burocratização 4
Burrice 6

C

Camaradagem 65
Caminhos 2
Carisma 152
Civilidade 92
Claridade 110
Cliente 42
Clima organizacional 23
Comportamento 19
Comunicação 83, 85
Comunicação aparente 86
Concordância 155
Concorrência 38
Conectividade 85
Conflito de poder 10
Conhecimento 76
Consciência 49, 56
Conspiração 11
Construção 85, 110
Contemporaneidade 108
Continuidade 83
Contradição 64
Conversão 74
Convicção fechada 115
Convicções 18
Coração 57
Coragem 10
Credibilidade 106
Crise 83
    educacional 157
Cristianismo 64
Cultura 13, 91
    corporativa 22
    educacional 100
    empresarial 153

D

Decisão 47, 84
Derrota 42, 150
Desafios 8
Desamor 75
Descaminho 29, 45
Desenvolvimento 101

Desorganização 95
Destino 56
Detalhe essencial 48
Determinação 87
Deus 56, 134
Diálogo 109, 153
    real 44
Dilema 48
Dimensão do espírito 60
Dinheiro 28
Diretriz 114
Diretrizes éticas 119
Displicência 160
Dissonância cognitiva 103
Distorções do magistério 99
Ditadura do tempo 53
Dor 151
Durabilidade 109
Dúvida 145

E

Eclipse 79
Educação 82, 100
    corporativa 158
    ecológica 74
Eleição 12
Elite 14
Eloquência 144
Emoção 86
Empreendedor 3, 51
Empresa
    feliz 34
    futura 33
Engodo 29
Equilíbrio 49
Equipe 55
Equívoco 9, 132
    da escola 98
Erro 61
Erudição 92
Escada da vida 139
Escola 95
    ideal 97
Esforço 41
Esperança 159
Esperançar 30
Espírito 37
    de pequena empresa 112
    e matéria 66
    organizacional 16
    rotineiro 30
Espiritualidade 63
Essência 29
    humana 4
Estratégia 3, 122
Estresse 8
Etapas da mudança 84
Ética 46
    reconstruída 21
Excesso 50
    no perguntar 143
Experiência espiritual 156

F

Falta de hábito 126
Fama 28
Fanatismo 7
Felicidade 34
Fé realizadora 108
Férias 75
Figura 59
Flor 110
Força 51
Fracasso do líder 58
Fragilidade 5
Furacão 115
Futuro 27

G

Gaiola 94
Ganho 78
Gargalhada 37
Gestão 80, 89
Gestão inteligente 86
Glórias 58
Grandeza 50
Gratidão 36
Guerra 65

H

Habilidade política 139
Heroísmo 151
Hora da resposta 143
Humanismo 59
Humor 36, 150
    eterno 37
    na empresa 38

I

Ideia 77
Ignorância 156
Ilusão 41
Imediatismo 28
Impetuosidade 106
Impossibilidades 77
Impostos 90
Impulsividade 113
Inércia 31
Inferno 126
Ingenuidade 154
Início 117
Inimigos 116
Inovação 76
Inquietação 116
Insucesso 4
Integração 72
    corporativa 18
Inteligência empresarial 125
Inveja 43
Ira 53
Ironia 36

J

Justificação 52
Juventude 92

L

Liberdade 48
Líder 75, 77, 134
   de ideias 77
   em ação 133
Liderança 102
   renovadora 71
Livro 90, 110
Loucura 145
Luta 160

M

Mal 108
Maldade 78
Massa 92
Maturidade 111
Mau humor 38
MBA de felicidade 34
Meio ambiente 44
Mensagem 29
Mentira 79
Mercado 112
Mesmas coisas 117
Milagre 69
Miopia 40
Mito dos resultados 124
Modernização ilusória 17
Momento da verdade 138
Monotonia 7
Morte 41
Movimento 111
Mudança 14
   cultural 114
Mudar 72

N

Negociação 51, 73
Nova conscientização 118
Novo caminho 124

O

Objetivo 146
Obsoletismo 132
Obsoleto 106
Obstáculos 154
Ódio 37, 104
Omissão 144
Opções 138
Oportunidade 27
Oportunismo 43
Opressão 72
Ordem 89, 117

P

Paisagem 52
Paixão 11
Palavra 136
Palavras fortes 133
Parábola 76
   da parábola 147
Paradoxo 103
Paranoia 157
Parar 91
Passividade 16
Paz 120, 137
Pedagogia
   do amor 97
   do não 95
Pensador 1
Pensar 2, 122
Pequena
   criatividade 88
   mudança 144
Pequeno 111
   transformador 112
Percepção 57
Perda 151
Pergunta 141
   inteligente 143
Perplexidade 132
Persistência 49
Perspectiva 88
Pessoas 58

Piora 160
Plenitude 109, 157
Poder 10-2, 111, 149
   absoluto 115
Poesia 77
Pragmatismo 60
Prática 107
Primazia 69
Princípio de vida 145
Problema 50
   da escola 98
Professor 100
Profissional 96
Proibição 16

Q

Qualidade 57, 82
   de vida 69
Quociente de felicidade 93

R

Radicalização 158
Raiva 84
Rato 90
Razão 10
Realidade 6
Recomeçar 110, 161
Recuperação 104
Redescoberta 45
Reengenharia 20
Relacionamento 110, 138
Renovação 27, 161
   contínua 82
Resistência corporativa 114
Respostas 142
Risco 69
Riso 127
Rota 146

S

Sabedoria 40, 90, 105

Sacrifício 135
Saída 74, 159
Santidade 148
Sedução 44
Selvageria 94
Sentido
    da pergunta 142
    da vida 134
Sequência da vida 146
Ser empresa 119
Ser simples 123
Servidão 11
Servir 28
Simplicidade 76, 122
Sinal 121
Soberba 12
Sociedade do conheci-
    mento 123
Sonhar 43

Sonho 105
    potencial 68
Sorriso 42
Sorte 27
Subir 160
Sucesso 5
    ilusório 30
Sufoco 47
Susto 26

T

Tecnologia 7
Tempo 80
Teoria 107
Ternura 41
Titanic 24
Trabalho 69
Tragédia 23
Transcendência 62

Transformação 159

V

Valorização 57
Vazio 100
Vencedor 12
Verdade 46, 56, 115
    da vida 125, 135
Vida 35, 56, 59, 64, 107, 118
Violência 38
Visão 39
Visionário 49
Vitória 150
Viver 108, 156
    a beleza 161
Vocações 89
Vulnerabilidade 67